新世界史纲要

钱乘旦 主编

北京大学出版社
PEKING UNIVERSITY PRESS

图书在版编目（CIP）数据

新世界史纲要 / 钱乘旦主编. —北京：北京大学出版社，2023.4

ISBN 978-7-301-33819-3

Ⅰ.①新… Ⅱ.①钱… Ⅲ.①世界史 Ⅳ.①K1

中国国家版本馆 CIP 数据核字（2023）第 041857 号

书　　　名	新世界史纲要	
	XIN SHIJIE SHI GANGYAO	
著作责任者	钱乘旦 主编	
责 任 编 辑	李学宜	
标 准 书 号	ISBN 978-7-301-33819-3	
出 版 发 行	北京大学出版社	
地　　　址	北京市海淀区成府路 205 号　100871	
网　　　址	http://www.pup.cn　新浪微博 @ 北京大学出版社	
电 子 邮 箱	编辑部 wsz@pup.cn　总编室 zpup@pup.cn	
电　　　话	邮购部 010－62752015　发行部 010－62750672	
	编辑部 010－62752025	
印 刷 者	北京中科印刷有限公司	
经 销 者	新华书店	
	650 毫米 × 965 毫米　16 开本　12.5 印张　135 千字	
	2023 年 4 月第 1 版　2024 年 4 月第 5 次印刷	
定　　　价	69.00 元	

新世界史纲要

主　　编：钱乘旦

各章作者：第一章　于　沛

第二章　李隆国

第三章　黄春高

第四章　朱孝远

第五章　许　平

第六章　董经胜

修改定稿：钱乘旦

教育部人文社会科学重大专项课题
研究最终成果，项目号 19JZDZ014

目录
CONTENTS

前言

本书是教育部人文社会科学重大专项课题研究项目的最终成果，我们用三年时间完成这个项目，在写作过程中修改了七次，其难度之大是可以想象的。项目的宗旨是探讨我国自己的世界史知识体系，为书写中国风格的世界史教科书搭建框架。"纲要"相当于课标，它提供思路，在"纲要"的基础上扩大内涵，可以形成丰富而全面的世界史知识体系，从而向国人传播正确的世界史观，提供完整的世界史知识。

中国的世界史学科起步很晚，是在19世纪中国与西方接触之后才出现的，到20世纪中叶正式形成，可以说是一门从国外引进的新学科。正因为如此，它一直受外国史学观念的影响而未形成自己的体系，其知识体系来源于国外，来源于西方国家或以前的苏联。这种情况极大地影响着学科的发展，也极大地影响着中国人尤其是年轻人对世界历史的正确认知。长期以来，"西方中心论"忽隐忽现，尽管我们一直在批判"西方中心论"，但教科书的编写内容却跳不出以西方为中心，多数研究项目也跳不出西方话语体系，知识结构多取自西方历史书，由此而导致错误的历史认知不胫而走。因此，构建符合历史真实的世界史知识体系已经是刻不容缓的学术任务，也是世界史学界的共同使命。改革开放以来，中国的世界史学界一直在向这方面努力，取得了不少成绩。我们的研究应该在这个基础上继续推进，总结和建立既不同于西方国家，也不同于苏联的世界史知识体系，使中国的世界史知识体系独树一帜，呈现鲜明的中国风格。

"西方中心论"有这样一些特点：（1）西方文明是唯一"正确"的文明，其他文明都不对，或者已失去生命力；（2）西方等于世界，西方历史等于世界史，学西方历史就是学习世界史；（3）西方走过的路是全人类都要走的路，西方引领全世界；（4）西方价值观是"普世"价值观，指引历史的终极走向。用这些特点检视我国现有的世界史知识状况，不难发现"西方中心论"有多大影响。在很多人脑子里，所谓"世界史"只是英法德美少数几个西方大国的历史，世界在"世界史"里不存在。由此带来的后果是严重的，它在人们头脑里构筑了一个歪曲的世界和一部歪曲的世界史。

因此，撰写本书是试图解决以下问题：（1）在马克思主义世界历史理论指导下，展现人类历史的发展过程；（2）清除西方中心论影响，在历史教科书撰写中恢复世界各文明、各国家、各民族平行发展的历史原貌，恢复不同文明、不同国家、不同民族之间的平等地位；（3）纠正"世界史是少数几个西方大国历史"的错误印象，展现世界史是全人类共同历史的基本事实；（4）在历史的长时段叙事中展现几千年来世界大格局的变化，进而理解21世纪正在发生的事。

解决这些问题的理论指导是马克思、恩格斯关于"世界历史的形成"的论述。在《德意志意识形态》中，马克思、恩格斯提出了"历史向世界历史的转变"这个命题，其中说："各民族的原始封闭状态由于日益完善的生产方式、交往以及因交往而自然形成的不同民族之间的分工消灭得越是彻底，历史也就越是成为世界历史。"[①] 根据这个理论可以知道：（1）"世界历史"不是从来就有的，而是在历史的过程中形成的。（2）形成的机制一方面是生产力水平不断提高、生产方式不断完善，另一方面是各地、各国、各民族之间的交往不断扩大，最终打破了彼此间的壁垒。这就意味着：人类社会既是从低级向高级的演进过程，也是从分散到整体的融合结果；在马克思、恩格斯"世界历史的形成"理论中，纵向发展和横向发展是相互交织、同时并举的，由此展现出复杂多样的世界历史。

遗憾的是，这个理论在以往的马克思主义史学编纂中一直未受到重视，苏联教科书中只说纵向发展，不说横向发展；我国世界史书写也基本如此。西方历史学既不承认从低级向高级的演进

---

① 《马克思恩格斯选集》第一卷，人民出版社，2012年，第168页。

过程，也不承认从分散到整体的融合经历。马克思主义历史学说中一个重要组成部分即"世界历史的形成"理论，就这样被长期湮没了，很少引起人们重视。然而历史发展到今天，人类交往的世界性比过去任何时候都更深入、更广泛，各国相互联系和彼此依存比过去任何时候都更频繁、更紧密。事实说明马克思关于人类历史发展的完整理论，是构建正确的世界史知识体系的指导思想。在本书中，我们将努力展现这个思想，从而探索符合历史事实的世界史知识体系。

以此为目标，本书分为六章：第一章详细介绍马克思主义世界历史理论，其学术史、主要内容、现代意义及我们的学习体会；第二章写人类文明的起源及其在早期的发展，勾画出文明如何从星星点点向外扩散，同时也从低级走向高级；第三章写中古世界，那是个封建主义时代，但封建主义在不同地区的表现是不同的，那也是农业文明逐渐覆盖整个世界的时代，文明的横向发展加速进行；第四章写资本主义在西欧出现，强有力地向世界各地扩展，但世界多数地区仍基本维持原有状况，呈现文明多样性；第五章是资本主义全面发展并且建立西方霸权的时代，农业社会向工业社会转变，西方霸权动摇了非西方世界的社会基础，同时带来了现代化；第六章写 20 世纪历史巨变，西方霸权正在跌落，非西方国家群体崛起，到 21 世纪开始的时候，全球化将人类带向一个利益共同体。

以上就是本书展现的世界历史发展轨迹，也是我们提交的研究成果。构建世界史新的知识体系是我国世界史学科的迫切任务，本书是向这个方向努力的一次尝试。完成这项任务不是轻而易举的，因而本书仅仅是抛砖引玉，欢迎学界同仁批评。

本书写作中得到刘新成、侯建新、韩东育、陈恒、晏绍祥等教授提出的宝贵意见；并获颜海英教授和秦晓蒙老师的学术支持，谨此致谢。

钱乘旦

2022 年 8 月

第一章

马克思主义"世界历史"理论

马克思主义"世界历史"理论，是马克思在创立唯物史观的过程中形成的，其概括性的经典表述是："世界史不是过去一直存在的；作为世界史的历史是结果。"[①] 这一理论和马克思的世界观阐发密切结合在一起，是马克思主义学说的重要内容之一，但长期以来在中外理论界和学术界没有得到应有的重视。

20世纪80年代以来，经济全球化成为时代的重要特征之一。随着对经济全球化研究的增多和不断深入，对马克思主义"世界历史"理论的研究也日趋活跃，其研究成果在数量上和质量上都出现了新的变化。但是，无论在国外还是在国内，这一研究主要是和"经济全球化"联系在一起的。当时研究马克思主义"世界历史"理论，主要是为了回答经济全球化理论问题的需要。

---

① 《马克思恩格斯全集》第四十六卷（上册），人民出版社，1979年，第48页。

现在对马克思主义"世界历史"的理论作更深入的了解，是我们正确认识人类历史的需要，也是创建中国风格世界史知识体系的需要。建设中国风格的世界史知识体系是在马克思主义指导下进行的，因此，了解马克思主义"世界历史"理论，是我们工作的第一步。

第一节 马克思主义"世界历史"理论的学术史梳理

20 世纪 90 年代至 21 世纪初，国内对马克思主义"世界历史"理论多是一般性的介绍，且数量少，如张奎良：《马克思的世界历史思想及其在当代的实践格局》（《学习与探索》1991 年第 2 期）、杨信礼：《马克思论"历史向世界历史转变"》（《理论学习》2000 年第 1 期）等，之后，相关的文章陆续增多。① 2003 年，

---

① 可参见吕世荣：《马克思的世界历史思想与经济全球化》，《哲学研究》2002（10）；仲崇东：《马克思的世界历史理论与当代世界重大问题》，《学海》2003（1）；张爱武：《马克思恩格斯关于历史向世界历史转变机制的理论及方法论启示》，《毛泽东邓小平理论研究》2003（2）；丰子义：《"世界历史"与资本主义——〈资本论〉语境中的"世界历史"思想》，《学术研究》，2005（8）；石燕：《马克思的世界历史思想及其方法论》，《安徽警官职业学院学报》，2005（1）；刘军：《马克思世界历史思想：原初形态与全球化意蕴》，《学术论坛》，2006（1）；霍明帅、孙少威：《马克思的世界历史思想与人的解放》，《黑龙江教育学院学报》，2008（1）；李立家：《马克思"世界历史"思想的历史观底蕴》，（转下页）

北京大学马克思主义文献研究中心编《马克思主义与全球化：〈德意志意识形态〉的当代阐释》由北大出版社出版。这部文集在探讨经典文本的当代阐释及经济全球化的同时，集中研究了马克思"世界历史"思想，包含9篇内容丰富的论文，反映了21世纪初，中国学者对这个问题研究的新进展和重要成果。[①]

1996年，叶显明的《马克思的世界历史理论与现时代》，由清华大学出版社出版。2002年，丰子义、杨学功的《马克思"世界历史"理论与全球化》，由人民出版社出版。这是较早出版的研究马克思主义"世界历史"理论的专著。这些著作从当代经济全球化的现实出发，考察了马克思主义"世界历史"理论的渊源，并用这一理论对全球化过程中的一些重大理论问题和现实问题进行了具体分析，论证了马克思主义"世界历史"理论的现代价值。

（接上页）《经济研究导刊》2009（1）；张文喜：《历史向世界历史转变的基础和前提——超越特殊的西方历史概念》，《贵州社会科学》2009（6）；崔若光、周来顺：《论马克思的世界历史思想及其理论意义》，《学术交流》2010（8）；王伟光：《马克思主义的世界历史理论与中国特色社会主义道路——学习马克思1879—1882年期间研究笔记札记》，《哲学研究》2015（6）；鲁品越：《马克思主义世界历史思想的新发展》，《人民日报》，2018年8月28日。

① 这9篇论文是：《马克思恩格斯的世界历史思想与邓小平的理论创新》（庄福龄）、《世界历史理论研究》（李世坤）、《马克思"世界历史"思想研究中的几个问题》（丰子义）、《社会主义的世界历史前景》（冯国瑞）、《马克思认识论基本思想的形成及其历史意义》（杨河）、《马克思世界历史和世界历史个人的思想及其现实意义》（李淑梅）、《马克思有关社会主义是世界历史性事业的思想及其方法论启示》（叶显明）、《世界历史与个人解放》（袁一达）、《马克思的世界历史思想对全球化研究的指导》（苑秀丽）。

之后，又有曹荣湘的《马克思世界历史理论与当代全球化》（中央编译出版社，2006 年）等多种专著出版。[1]

在中国史学界，马克思主义"世界历史"理论却长期被忽略了。1961 年，人民出版社编辑部编《马克思主义经典作家论历史科学》，由人民出版社出版，没有编选马克思主义"世界历史"理论的内容。1975 年，人民出版社编辑部编《马恩列斯论历史科学》（征求意见本，人民出版社出版），1980 年，黎澍主编《马恩列斯论历史科学》，人民出版社出版，仍没有马克思主义"世界历史"理论的内容。此后，有多种经典作家论历史科学的专题选编出版，[2] 同样都没有这方面的内容。

2013 年，由首席专家沙建孙、李杰、李文海主编的《马克思主义历史理论经典著作导读》由人民出版社出版。该书是马工程重点教材之一，编写者重点解读了马克思、恩格斯、列宁的 15

---

[1] 参见向延仲：《马克思世界历史理论研究》，湖南大学出版社，2007 年；王作印：《马克思世界历史理论论纲》，西南财经大学出版社，2007 年；黄皖毅：《马克思世界史观：文本、前沿与反思》，知识产权出版社，2008 年；刘敬东：《马克思世界历史理论：中国个案》，光明日报出版社，2010 年；关立新等编著：《马克思"世界历史"理论与经济全球化指向》，中央编译出版社，2013 年。

[2] 参见黎澍主编：《马克思恩格斯列宁斯大林论历史人物评价问题》，人民出版社，1981 年；黎澍、蒋大椿主编：《马克思恩格斯论历史科学》，人民出版社，1988 年；吴玉贵主编：《马克思恩格斯列宁斯大林论社会形态》，中国社会科学出版社，2012 年；黎澍主编：《马克思 恩格斯 列宁 斯大林论历史人物评价问题 》，中国社会科学出版社，2012 年；吴英主编：《马克思恩格斯列宁斯大林论历史科学》，中国社会科学出版社，2014 年；等等。

篇关于历史理论的经典著作，依然没有马克思主义"世界历史"理论的专题内容。

史学界较系统地研究马克思主义"世界历史"理论，是在2007年后，于沛先后撰写了《马克思的"世界历史"理论》《生产力革命和交往革命：历史向世界历史的转变》等论文；在其主编的《马克思主义史学思想史》（6卷本）等专著中，也有专章阐述这一理论。[①] 这些著述的特点，是将马克思主义"世界历史"理论的文本探讨，与世界历史进程的实证研究结合在一起，不仅通过逻辑抽象的方法去研究马克思主义"世界历史"理论，而且将这一研究与中国世界史研究的实践结合起来，明确提出这一理论是中国史家吴于廑"整体世界史观"的理论渊源。

2018年5月，习近平主席在纪念马克思诞辰200周年大会上发表讲话时说："学习马克思，就要学习和实践马克思主义关于世界历史的思想。马克思、恩格斯说：'各民族的原始封闭状态由于日益完善的生产方式、交往以及因交往而自然形成的不同民族之间的分工消灭得越是彻底，历史也就越是成为世界历史。'马克

---

① 参见于沛的三篇论文：《生产力革命和交往革命：历史向世界历史的转变》，《北方论丛》，2009（3）；《从大历史观看人类命运共同体》，《求是》，2019（3）；《马克思"世界历史"理论与十九世纪》，《史学理论研究》，2019（3）。还可见于沛主编：《马克思主义史学思想史》，中国社会科学出版社，2015年，第1卷第二章；于沛：《历史的慧眼：今天我们怎样读历史》，湖南人民出版社，2019年，第11章；于沛：《马克思的"世界历史"理论》，见姜芃主编：《西方史学的理论和流派》，中国社会科学出版社，2007年。

思、恩格斯当年的这个预言，现在已经成为现实，历史和现实日益证明这个预言的科学价值。"这一精辟论述，进一步推动了中国世界史学界对马克思主义"世界历史"理论的深入学习和研究。

第二节　马克思主义"世界历史"理论的
文本意义

　　马克思主义"世界历史"理论的形成，和唯物史观形成的过程一致。《德意志意识形态》不仅较系统地阐释了唯物史观的基本原理，而且也是马克思提出"世界历史"理论的第一文本。[①]《形态》的第一卷第一章（"费尔巴哈章"）较集中地阐发了马克思的"世界历史思想"。其主要内容是：人类社会生存和发展的前提是从事实践活动的人，社会历史观的基本问题是社会存在与社会意识的关系问题，社会发展的基本动力是物质生产；共产主义

　　[①] 在《德意志意识形态》之前，马克思在《1844 年经济学哲学手稿》中，也谈及"世界历史"，他说，"整个所谓世界历史不外是人通过人的劳动而诞生的过程，是自然界对人说来的生成过程"（《马克思恩格斯全集》第 42 卷，人民出版社，1979 年，第 131 页）。这里说的"世界历史"相对于"自然"而言，指人类诞生以来总的历史，和马克思的"世界历史"理论中的"世界历史"含义不同。但是，也不应将马克思两种意义上的"世界历史"对立起来。实际上，这两种意义的世界历史既有重要区别，也有联系。

实现的前提条件一是生产力的巨大增长和高度发展，二是普遍交往的建立；民族历史向世界历史的转变过程，也是交往到普遍交往的演变过程，亦即地域性的历史变为"世界历史"，地域性的个人为世界历史性的个人所代替。马克思的说法是：

> 历史不外是各个世代的依次交替。每一代都利用以前各代遗留下来的材料、资金和生产力；由于这个缘故，每一代一方面在完全改变了的环境下继续从事所继承的活动，另一方面又通过完全改变了的活动来变更旧的环境。（《马克思恩格斯选集》第一卷，人民出版社，2012年，第168页）

> 各民族的原始封闭状态由于日益完善的生产方式、交往以及因交往而自然形成的不同民族之间的分工消灭得越是彻底，历史也就越是成为世界历史。（《马克思恩格斯选集》第一卷，人民出版社，2012年，第168页）

> 无产阶级只有在世界历史意义上才能存在，就像共产主义——它的事业——只有作为"世界历史性的"存在才有可能实现一样。而各个人的世界历史性的存在，也就是与世界历史直接相联系的各个人的存在。（《马克思恩格斯选集》第一卷，人民出版社，2012年，第166—167页）

生产本身又是以个人彼此之间的交往 [Verkehr] 为前提
的。这种交往的形式又是由生产决定的。

各民族之间的相互关系取决于每一个民族的生产力、分
工和内部交往的发展程度。（《马克思恩格斯选集》第一卷，
人民出版社，2012 年，第 147 页）

为了不致丧失已经取得的成果，为了不致失掉文明的果
实，人们在他们的交往 [commerce] 方式不再适合于既得的生
产力时，就不得不改变他们继承下来的一切社会形式。——
我在这里使用"commerce"一词是就它的最广泛的意义而言，
就像在德文中使用"Verkehr"一词那样。（《马克思恩格斯选
集》第四卷，人民出版社，2012 年，第 409 页）

1848 年《共产党宣言》发表，标志着作为无产阶级的科学世
界观和方法论的马克思主义学说诞生。《宣言》的基本思想之一，
是每一历史时代主要的经济生产方式和交换方式以及必然由此产
生的社会结构，是该时代政治的和精神的历史赖以确立的基础，
并且只有从这一基础出发，历史才能得到说明。资本主义开辟的
世界历史是一个历史过程，马克思主义"世界历史"理论，在《宣
言》中得到了更简明和系统的阐发，其理论要点是：1500 年前后
新航路开辟，揭开了历史向世界历史转变的序幕。资产阶级在世
界历史进程中曾起过非常革命性的作用。地域性的历史转变成世

界性的历史，是不可逆转的历史潮流。世界历史的发展，必将冲破资本垄断的桎梏，使共产主义得以实现。

美洲的发现，绕过非洲的航行，给新兴的资产阶级开辟了新天地。东印度和中国的市场、美洲的殖民化、对殖民地的贸易、交换手段和一般商品的增加，使商业、航海业和工业空前高涨，因而使正在崩溃的封建社会内部的革命因素迅速发展。（《马克思恩格斯选集》第一卷，人民出版社2012年，第401页）

不断扩大产品销路的需要，驱使资产阶级奔走于全球各地。它必须到处落户，到处开发，到处建立联系。

资产阶级，由于开拓了世界市场，使一切国家的生产和消费都成为世界性的了。（《马克思恩格斯选集》第一卷，人民出版社，2012年，第404页）

资产阶级，由于一切生产工具的迅速改进，由于交通的极其便利，把一切民族甚至最野蛮的民族都卷到文明中来了。……一句话，它按照自己的面貌为自己创造出一个世界。（《马克思恩格斯选集》第一卷，人民出版社，2012年，第404页）

过去那种地方的和民族的自给自足和闭关自守状态，被各民族的各方面的互相往来和各方面的互相依赖所代替了。物质的生产是如此，精神的生产也是如此。（《马克思恩格斯选集》第一卷，人民出版社，2012年，第404页）

资产阶级的生产关系和交换关系，资产阶级的所有制关系，这个曾经仿佛用法术创造了如此庞大的生产资料和交换手段的现代资产阶级社会，现在像一个魔法师一样不能再支配自己用法术呼唤出来的魔鬼了。……社会所拥有的生产力已经不能再促进资产阶级文明和资产阶级所有制关系的发展；相反，生产力已经强大到这种关系所不能适应的地步，它已经受到这种关系的阻碍；而它一着手克服这种障碍，就使整个资产阶级社会陷入混乱，就使资产阶级所有制的存在受到威胁。（《马克思恩格斯选集》第一卷，人民出版社，2012年，第405—406页）

资产阶级不仅锻造了置自身于死地的武器；它还产生了将要运用这种武器的人——现代的工人，即无产者。（《马克思恩格斯选集》第一卷，人民出版社，2012年，第406页）

1867年9月，《资本论》第一卷德文版在汉堡出版。在《资本论》及其手稿中，马克思以资本主义社会经济状态为研究对象，科学地分析了资本主义这一世界历史现象，强调它只是人类历史发展的一个阶段。马克思的"世界历史"思想，继《德意志意识形态》《共产党宣言》之后，在《资本论》中继续展开。其理论要点是：关于"商品二重性"到"劳动二重性"的分析，是世界市场、世界历史的逻辑起点；世界市场是形成世界历史的经济基础，它既是资本主义发展的前提，也是资本主义发展的结果；世界历史是因劳动社会化、交往普遍化两种趋势，以及这两种趋势日渐紧密结合而形成的。资本主义主导的世界历史中包含着不可避免的经济危机，资本主义从它问世的那一天起，就蕴含着不可克服的矛盾；普遍性危机是资本主义主导的世界历史中的必然现象，这决定了共产主义主导的世界历史，必将代替资本主义主导的世界历史。

在写作《资本论》时期，马克思对资本主义的认识更加完整和深刻。在《宣言》中"两个必然"（资本主义必然灭亡、共产主义必然胜利）的基础上，马克思提出"两个决不会"的思想："无论哪一个社会形态，在它所能容纳的全部生产力发挥出来以前，是决不会灭亡的；而新的更高的生产关系，在它的物质存在条件在旧社会的胎胞里成熟以前，是决不会出现的。"[①] 这可视为对"两个必然"理论的重大补充：

---

① 《马克思恩格斯选集》第二卷，人民出版社，1995年，第33页。

如果说在 16 世纪，部分地说直到 17 世纪，商业的突然扩大和新世界市场的形成，对旧生产方式的衰落和资本主义生产方式的勃兴，产生过压倒一切的影响，那么，这种情况反过来是在已经形成的资本主义生产方式的基础上发生的。世界市场本身是形成这个生产方式的基础。另一方面，这个生产方式所固有的、以越来越大的规模进行生产的必要性，促使世界市场不断扩大。（《马克思恩格斯全集》第四十六卷，人民出版社，2003 年，第 372 页。）

对外贸易的扩大，虽然在资本主义生产方式的幼年时期是这种生产方式的基础，但在资本主义生产方式的发展中，由于这种生产方式的内在必然性，由于这种生产方式要求不断扩大市场，它成为这种生产方式本身的产物。（《马克思恩格斯全集》第四十六卷，人民出版社，2003 年，第 264 页。）

总的说来，矛盾在于：资本主义生产方式包含着绝对发展生产力的趋势，而不管价值及其中包含的剩余价值如何，也不管资本主义生产借以进行的社会关系如何；而另一方面，它的目的是保存现有资本价值和最大限度地增殖资本价值（也就是使这个价值越来越迅速地增加）。（《马克思恩格斯全集》第四十六卷，人民出版社，2003 年，第 278 页）

资本越发展，从而资本借以流通的市场，构成资本空间流通道路的市场越扩大，资本同时也就越是力求在空间上更加扩大市场，力求用时间去更多地消灭空间。(《马克思恩格斯全集》第四十六卷[下册]，人民出版社，1980年，第33页)

世界史不是过去一直存在的，作为世界史的历史是结果。(《马克思恩格斯全集》第四十六卷[上册]，人民出版社，1979年，第48页)

世界历史研究，在马克思毕生的科学研究工作中始终占有重要的地位。马克思自大学时代直至逝世前的最后几个月，始终坚持世界历史研究。他在进行世界历史研究时，曾做了7个编年史摘录。[①] 其中《历史学笔记》是马克思生前最后一部历史摘录笔记，内容十分丰富，对研究马克思主义"世界历史"理论有重要意义。有研究者认为，《历史学笔记》是他的历史观的历史溯源，可以将其作为马克思历史观的重要文本加以深入研究。

---

① 这7个编年史摘录是：《克罗茨纳赫笔记》中关于法国和德国的2个编年史；《巴黎笔记》中关于古罗马的简短编年；1857年1月关于俄国的编年史；1860年6月关于欧洲历史的编年史；1879年《印度史编年稿》；1881—1882年《历史学笔记》。

在《历史学笔记》中，马克思主要研读了 8 部历史学名著。[①]
其间，他对这些著作有一些补充、订正，还针对公元前 1 世纪到
公元 17 世纪欧洲的历史事件和历史人物，写有一些很重要的批
语和评语。这些具体地反映了马克思对世界历史的认识，其关注
的重点是：封建制度瓦解；资本主义发展时期的现代民族国家的
起源；资产阶级为确立自己的统治所进行的斗争，以及与这一时
期欧洲史有关联的一些亚洲和非洲国家的历史。马克思通过对世
界历史的研究，揭示了人类历史的真实基础，以及历史矛盾运动
的动力。

第三节　马克思历史观中的"世界历史"理论

马克思的历史观，"是从对人类历史发展的考察中抽象出来
的最一般的结果的概括"，[②] 其基本内容是：关于社会的本质和
存在方式；关于历史的主体和历史创造者；关于人类历史发展的
一般规律及其实现机制；关于物质生产、人自身生产，以及精神

---

① 这些史学名著是：施洛塞尔的《世界史》；博塔的《意大利人民史》；科贝特
的《英格兰和爱尔兰的新教改革史》；休谟的《英国史》；马基雅维利的《佛罗伦萨
史》；卡拉姆津的《俄罗斯国家史》；赛居尔的《俄国和彼得大帝》；格林的《英国
人民史》。

②《马克思恩格斯选集》第一卷，人民出版社，2012 年，第 153 页。

生产的关系；关于历史发展的进程，强调社会经济形态的发展同自然的进程和自然的历史是相似的。马克思主义"世界历史"理论，则是这一历史观的具体体现。马克思的历史观，使"历史学"成为"历史科学"，其重要原因是马克思从事科学研究时，始终将辩证的逻辑分析与实证的历史分析相结合。马克思的世界历史研究，始终和"解放全人类"的伟大事业联系在一起。

　　马克思主义"世界历史"理论形成的重要理论来源之一，是黑格尔的历史哲学。"世界历史"这一概念始于黑格尔，"黑格尔第一次——这是他的伟大功绩——把整个自然的、历史的和精神的世界描写为一个过程，即把它描写为处在不断的运动、变化、转变和发展中，并企图揭示这种运动和发展的内在联系"。但"黑格尔的体系没有解决向自己提出的这个任务"。[1] 因为他认为世界历史不过是"自由意识"的进步，"哲学用以观察历史的唯一的'思想'便是理性这个简单的概念，'理性'是世界的主宰，世界历史因此是一个合理的过程"。[2] 黑格尔从"绝对精神""世界精神"或"自我意识"出发，把人类的历史理解成神意、神的理性的实现，结果人类生动、丰富的历史变成了神秘的历史，人的物质世界的历史成了精神活动史。

　　黑格尔的历史哲学达到了唯心主义历史观的顶峰，他力图从

---

① 《马克思恩格斯选集》第三卷，人民出版社，2012年，第793—794页。

② 黑格尔：《历史哲学》，王造时译，生活·读书·新知三联书店，1956年，第47页。

人类历史之外去寻找社会的动力，他纯思辨地遵循着他的哲学的一般精神，构想社会历史矛盾运动的动力。但毋庸讳言，马克思从黑格尔的历史哲学中，也汲取了有益的营养。黑格尔的思维方式不同于所有其他哲学家的地方，就在于他的思维方式有罕见的历史感做基础。黑格尔的世界历史理论为马克思主义"世界历史"理论的形成，提供了方法论的借鉴，如世界历史的整体观、发展观等等。

马克思的历史观，是在批判黑格尔历史哲学的唯心主义思辨精神中逐渐形成的。1844年，马克思在《神圣家族》中深刻地批判了黑格尔唯心主义历史观。他说："黑格尔历史观的前提是抽象的或绝对的精神，这种精神正在以下面这种方式发展着：人类仅仅是这种精神的有意识或无意识的承担者，即群众。因此，思辨的、奥秘的历史在经验的、明显的历史中的发生是黑格尔一手促成的。人类的历史变成了抽象的东西的历史，因而对现实的人说来，也就是变成了人类的彼岸精神的历史。"① 1845年9月—1846年8月，马克思恩格斯共同完成了《德意志意识形态》。在这部著作中，马克思、恩格斯在批判黑格尔的客观唯心主义和青年黑格尔派的主观唯心主义的视阈下，进一步批判了黑格尔的历史观，并较详尽地叙述了历史唯物主义的基本原理，诸如："社会存在决定人们的社会意识""生产方式在人们的整个社会生

---

① 《马克思恩格斯全集》第二卷，人民出版社，1957年，第108页。

活中的决定作用""生产力和生产关系的发展的最一般的客观规律""社会经济形态，以及历史上相继更替的各种经济形态的基本特点""社会发展客观规律性"，以及"国家的作用""阶级斗争和革命是历史发展的动力""无产阶级的世界历史作用"等。这些原理在马克思主义"世界历史"理论中得到丰富和发展，其科学性和真理性得到进一步检验。

马克思历史观的基本原理表明，尽管人类历史自远古以来就错综复杂，但始终改变不了世界历史进程是受内在的一般规律支配的这一事实。这是马克思历史观的核心内容。马克思的历史观"始终站在现实历史的基础上，不是从观念出发来解释实践，而是从物质实践出发来解释各种观念形态"。[①]

马克思在创立新的世界观的过程中提出"世界历史"理论并非偶然。这是他批判资本主义，建构社会主义、共产主义学说实证的和逻辑的基础。马克思认为："无产阶级只有在世界历史意义上才能存在，就像共产主义——它的事业——只有作为'世界历史性的'存在才有可能实现一样。"[②] 实现共产主义的重要前提之一，是地域性的历史转变为世界性的历史。人的解放的程度，与历史完全转变为世界历史的程度是一致的。共产主义社会的基本要素，是世界历史性的人。在任何一个孤立的、单独的民族或

[①]《马克思恩格斯选集》第一卷，人民出版社，2012年，第172页。

[②]《马克思恩格斯选集》第一卷，人民出版社，2012年，第166—167页。

国家内，不可能实现共产主义。

历史向世界历史转变，包括两个阶段，其一是"资本主义主导的世界历史阶段"；其二是从资本主义的世界历史阶段向"共产主义主导的世界历史阶段"的转变。"资本主义的世界历史"的局限性和"共产主义世界历史的必然性"，决定了从资本主义走向共产主义，是世界历史发展的必然趋势。

马克思正是在批判地研究、改造黑格尔历史哲学思想的过程中，逐渐形成了他的"世界历史"理论。马克思从黑格尔的哲学出发，但无论在逻辑起点上，还是在价值取向上，都超越了它。

马克思主义"世界历史"理论，是马克思主义历史观的重要内容，也是马克思从这一历史观出发，对人类历史进程某些规律性内容进行解读的科学成果。马克思主义"世界历史"理论，与马克思历史观有着不可分割的统一性。就像反对自然界的幻想的联系一样，马克思同样反对对于社会历史的虚构。社会历史和自然界一样，有其不以人的意志为转移的客观联系，虽然这些联系是十分复杂和隐蔽的，但却是客观存在的。如果说"社会经济形态的发展同自然的进程和自然的历史是相似的"[①]，那么这种"相似性"，在马克思的 "世界历史"理论中可得到充分的体现。这

---

① 马克思:《资本论》第 1 卷（根据作者修订的法文版第 1 卷翻译），中央编译局译，中国社会科学出版社，1983 年，第 4 页。

一理论不仅是严谨的逻辑思维的理论表述,同时也建立在翔实的历史文献支持的实证研究的基础上。

从马克思主义"世界历史"理论出发,人们可以清楚地看到:人类在原始社会处于封闭状态。大约自公元前4300年,首先在西亚,包括它南部的两河流域,开始了氏族制解体,向阶级社会和文明时代过渡的过程。奴隶社会是人类历史上第一个阶级社会,奴隶制国家的社会经济制度和生产力发展水平决定了这些国家的生存环境及彼此之间的"封闭状态"。在古代希腊,公元前8—前6世纪曾经出现了"大移民"运动。但是,从"世界历史"的视角来看,这并没有改变当时人类历史的"封闭状态"。

在封建社会,各个国家和民族的活动范围和交往联系虽明显地扩大了,但是,封建土地所有制是封建社会的基础,其本质是封建主对大部分土地的占有和对劳动者的不完全占有。封建经济仍然是一种自然经济,这就决定了人类在封建社会的历史进程,仍然没有从民族性的、地方性的历史转向普遍性的、世界性的历史。

15世纪,西欧的一些城市最早出现了资本主义生产关系的萌芽。但是,"资本主义时代是从16世纪才开始的"。① 从这时到18世纪中叶英国工业革命,是封建制度瓦解、资本原始积累和资

---

① 马克思:《资本论》,《马克思恩格斯文集》第五卷,人民出版社,2009年,第823页。

本主义手工工场发展的时期。15世纪末、16世纪初的新航路开辟，使正在崩溃的封建社会内部的革命因素迅速发展，给新兴资产阶级开辟了新天地，迈出了历史向"世界历史"转变的第一步。马克思笔下的"世界历史"，是相对于"民族历史"而言的。荷兰在16世纪末，英国在17世纪中叶，法国在18世纪末，德国及其他一些国家在19世纪中叶，先后爆发了资产阶级革命，封建的生产方式为资本主义的生产方式所取代，在更广泛的范围内，加快推动了各民族的、分散的历史向"世界历史"转变。

第四节 马克思主义"世界历史"理论的主要内容

"世界史不是过去一直存在的；作为世界史的历史是结果。"[1]这一"结果"，即"世界历史"不是原发、天然形成的，而有其形成的根源、前提和动因，这首先是社会生产力的持续发展、科学技术的迅速发展，以及与之密切联系的交往的普遍发展。

资本主义大工业"首次开创了世界历史"。[2]生产力和交往关系的发展开始突破民族的地域性局限，历史最初向世界历史的

---

① 《马克思恩格斯全集》第四十六卷（上册），人民出版社，1979年，第48页。

② 《马克思恩格斯选集》第一卷，人民出版社，2012年，第194页。

转变大体始于 16 世纪，初步形成在 19 世纪中叶。在资本主义社会，资本的膨胀、无限制地扩张、对资本增殖的无止境地追求和大工业的发展，推动了冒险、远征和殖民地开拓，以建立和扩大世界市场，为此就必须消灭各个国家和民族彼此孤立隔绝的状态。前资本主义那种地方的、民族的、自给自足和闭关自守的状况，被各民族的、各方面的互相往来和各方面的互相依赖所代替，世界越来越成为一个整体，地方性的联系逐渐为世界性的联系所取代。随着历史转向世界历史，人自身也同时从地域性的封闭条件下的个人，转变为世界历史性的个人。

　　一般认为，近代以来，人类历史上因社会生产力的迅速发展，发生过三次改变世界的生产力革命，而科技革命则是其不可或缺的重要内容。"在马克思看来，科学是一种在历史上起推动作用的、革命的力量。任何一门理论科学中的每一个新发现——它的实际应用也许还根本无法预见——都使马克思感到衷心喜悦，而当他看到那种对工业、对一般历史发展立即产生革命性影响的发现的时候，他的喜悦就非同寻常了。"① 蒸汽、煤气、水力等强大的动力，自动纺棉机等机器、机车、铁路、电报等，使整个资本主义社会的基础发生了革命性的变化。马克思基于对事实的研究，得出了科学是生产力，而且是直接的生产力，生产力包括科学的结论。

---

① 《马克思恩格斯选集》第三卷，人民出版社，2012 年，第 1003 页。

　　第一次生产力革命，即人们常说的工业革命。"分工，水力、特别是蒸汽力的利用，机器的应用，这就是从 18 世纪中叶起工业用来摇撼旧世界的三个伟大杠杆。"[①] 经过工业革命以后，资本主义制度最终确立。英国工业革命是"比其他任何国家经历的变革意义更重大的变革"，随着英国国内交通的改善，公路、桥梁、运河不断地修建和开凿，交通工具不断地得到改进，"这样一来，国内那些从前一直和整个世界隔绝的偏僻地区，现在全都往来通达了；……不得不因此而去了解外部世界，并接受强加于它们的文明"。[②] 科学技术在生产力中的作用日益重要。工商业逐渐取代农业成为人类文明发展的重要推动力量。人口迅速增长，城市逐渐成为文明的中心。"资产阶级在它的不到一百年的阶级统治中所创造的生产力，比过去一切世代创造的全部生产力还要多，还要大。"[③] 资本主义大工业消灭了各国以往自然形成的闭关自守的状态。19 世纪 40 年代，英国基本完成了工业革命。继英国之后，法国在 19 世纪 30 年代、美国在 50 年代、德国在 70 年代、俄国和日本在 80 年代先后开展工业革命，并相继完成了工业革命。一般认为，16 世纪到 19 世纪中叶，是资本主义"自由竞争"的历史发展阶段，也是资本主义开创的世界历史阶段。

---

① 《马克思恩格斯全集》第二卷，1957 年，第 300 页。

② 《马克思恩格斯选集》第一卷，人民出版社，1995 年，第 34 页。

③ 《马克思恩格斯选集》第一卷，人民出版社，2012 年，第 405 页。

第二次生产力革命，即 19 世纪 60、70 年代开始的电工技术革命。恩格斯说，"这实际上是一次巨大的革命"。"电的利用将为我们开辟一条道路……生产力将因此得到极大的发展，以至于资产阶级对生产力的管理愈来愈不能胜任。"[①] 这次生产力革命，把人类社会从蒸汽时代推进到电气时代。到了 20 世纪初，各种电气产品如雨后春笋般地涌现出来，引起了人类生产和生活的革命性变化。电工技术革命不仅带动了一个由电力、电器、化学、石油、汽车工业等组成的新工业群的出现，也使钢铁、造船、采矿等旧工业部门通过技术改造，焕发出新的活力，得到快速发展，重工业成为资本主义各国工业的主导。这时，资本主义生产关系也发生改变，资产阶级和无产阶级成为资本主义社会的两大阶级。

随着大生产的展开，企业管理模式也发生了重大变革，垄断与垄断组织形成，标志着主要资本主义国家进入帝国主义发展阶段。在帝国主义时代，资本主义停滞和腐朽的趋势仍然继续发展，并表现出更严重的不平衡性。当生产力革命发生时，随之而来的生产关系的革命产生了社会主义生产关系，"社会主义"不仅仅是一种社会理想，而是在一些国家建立了社会主义社会。

第二次生产力革命使生产率数十倍甚至上百倍地提高，生产社会化的程度也同时极大加深。欧美主要资本主义国家垄断资本

---

① 《马克思恩格斯全集》第三十五卷，人民出版社，1971 年，第 445—446 页。

的形成和垄断组织的出现，即是其突出表现。与此同时，资本主义世界经济体系的整体化趋势更为加强。科技革命给人类社会带来了根本性的、革命性的变革，使越来越多的人认识到，塑造未来的是科学。

在第二次生产力革命的推动下，"工业化的浪潮逐渐从欧美中心地带向远离中心的边缘国家和地区扩散。面对不可阻挡的世界工业化浪潮的冲击，几乎所有欠发达的落后国家都做出了不同程度的回应。有的审时度势，成功地实现了经济转型，并由此步入了先进的工业化国家行列，加拿大、澳大利亚、新西兰和南非等国家即是；有的囿于特定的历史条件，走上了依附型的工业化道路，拉丁美洲的一些国家属此类型。长期以来遭受殖民主义入侵之害，已沦为半封建半殖民地或有沦为殖民地之虞的亚非落后国家，为了富国强兵、救亡图存，则走上了一条被扭曲了的、非自主型的工业化道路，中国、朝鲜、泰国、土耳其、埃及、摩洛哥、埃塞俄比亚等国属此列"。[①]无论欠发达的落后国家在第二次生产力革命到来后做出了怎样的回应，一个不争的事实是，始于15世纪大航海时代的历史向世界历史转变，在19世纪的后30年，它的第一个阶段，即"资本主义开创的世界历史阶段"已经实现了。这里"世界历史"的"世界"，不仅仅指地理范围的

---

① 王斯德主编：《世界通史（第二编）·工业文明的兴盛：16—19世纪的世界史》，华东师范大学出版社，2009年，第200页。

不断扩大，更是强调在现实生活中，人类社会已经成为一个在经济、政治、文化上相联系的世界性系统整体。

第三次生产力革命，指第二次世界大战后，世界范围内掀起的以原子能、空间技术和电子计算机、信息革命为主要内容的新科技革命浪潮。近年，人工智能成为引领这一轮科技革命和产业变革的战略性技术，在移动互联网、大数据、超级计算、传感网、脑科学等新理论新技术的驱动下，人工智能加速发展，呈现出许多新特征，对经济发展、社会进步、国际政治经济格局等方面产生了重大而深远的影响。与以往相比，第三次生产力革命表现出的新特点是：科学技术新成果高速增长；科学技术应用于生产的周期越来越短，高科技群体化、产业化；科学与技术两者间的结合、转化加快，发展速度加快；新科技革命所形成的新的技术能力，对人类社会产生了空前巨大的影响。生产力革命引起的超越国界的市场体系、金融体系和生产体系的形成，使世界现代历史的发展进入经济全球化的新阶段。

"交往"是唯物史观的一个重要范畴，马克思的交往理论，是马克思社会发展理论的重要内容之一，马克思笔下的"交往革命"，是指19世纪工业革命后期与其后出现的世界性的交通和通信革命变革，世界由此进入了密集型的社会交往时代。1850年时，英国已经建成的铁路达9600多公里。蒸汽机车和铁路的出现，是和形成中的资本主义世界市场，以及资本主义大工业的产生和发展联系在一起的，因而"交往"被赋予了全新的社会内容。

马克思重视交往革命，还在于现代交往媒介所具有的强大的"用时间消灭空间"、在全球范围内越来越即时地还原面对面人际交往的功能。"它表明，社会生产力已经在多么大的程度上，不仅以知识的形式，而且作为社会实践的直接器官，作为实际生活过程的直接器官被生产出来。"① 交往是人的社会存在形式，随着社会生产力的变化而变化。

马克思所说的"交往"，是指从民族交往到世界交往的"世界历史性"交往。只有这种交往才能真正克服"狭隘地域"的局限，同时使生活在狭隘地域中的人扩大世界历史性的视野。只有"地域性"的个人为"世界历史性"的个人所代替，现实生活中的人的自由和发展才有可能。马克思"交往理论" 的内容十分丰富，包括物质交往、精神交往；内部交往、外部交往；直接交往、间接交往；个人交往、普遍交往；地域交往和世界交往，以及交往形式、交往方式、交往关系、生产和交往的关系等。但主要是物质交往和精神交往两种形式。社会生产首先是物质资料的生产。

在马克思、恩格斯看来，"思想、观念、意识的生产最初是直接与人们的物质活动，与人们的物质交往，与现实生活的语言交织在一起的。人们的想象、思维、精神交往在这里还是人们物

① 《马克思恩格斯全集》第四十六卷（下册），人民出版社，1980 年，第 220 页。

质行动的直接产物"。① 显然，在诸多的交往中，"物质交往"具有决定性的意义，是精神交往的基础和前提。生产力的发展，使各个民族之间开始有了交往，逐渐成为经常性的交往。社会生产力的发展水平，直接制约着交往的水平。在人类历史进程中，不难看到这样一种规律性的现象：孤立、封闭、隔绝，总是和落后的社会生产力水平联系在一起，反之也如此，即交流、交往、开放，往往是和先进的社会生产力水平联系在一起的。这种客观存在的辩证关系，正如马克思所言："生产本身又是以个人彼此之间的交往 [Verkehr] 为前提的。这种交往的形式又是由生产决定的。"②

马克思认为，在人类历史发展的进程中，可以将人类历史上的所有制划分成"部落所有制""古代公社所有制和国家所有制""封建的或等级的所有制""资本主义所有制"和"共产主义社会"五种类型。人类历史进程表明：任何所有制的更迭，都是所有制关系不再适应生产力发展状况的结果。在各种所有制的更迭过程中，"交往"作为更迭的动力，对社会发展具有决定性的作用。交往是历史的产物，是世世代代活动的结果。"每一代都在前一代所达到的基础上继续发展前一代的工业和交往方式，并

---

① 《马克思恩格斯选集》第一卷，人民出版社，2012 年，第 151 页。

② 《马克思恩格斯选集》第一卷，人民出版社，2012 年，第 147 页。

随着需要的改变而改变它的社会制度。"① 社会生产力的发展，客观上改变着人们的交往，决定了作为"交往主体"的人的能力改变。这不仅表现在如何适应不断进步的具体的劳动形式和劳动内容上，同时也表现在作为世界历史性的人的素质的全面提高上，从某种意义上说，这也是历史转变成世界历史的本质要求和重要特征之一。

交往革命，主要有两大阶段：第一阶段是工业革命带来了交通的变革，尤其是铁路的出现，力求用时间消灭空间，加速文明的传播。"中国的铁路建设可能开放；这样，这最后一个闭关自守的、以农业和手工业相结合为基础的文明将被消灭。"② 第二阶段是，海底电缆的开通，产生了电报，预示了信息社会的到来。例如，19 世纪中叶，电报已把欧洲变成一个巨大的证券交易所。"机车、铁路、电报、走锭精纺机等等。它们是……人类的手创造出来的人类头脑的器官；是物化的知识力量。"③ 愈来愈加密集的交往的媒介，是科学和知识的力量，是人的智力和创造能力的发展。

社会是一个有多维结构的复杂的系统，交往在经济、政治和思想文化结构形成的过程中，起着十分重要的作用。马克思最初在系统阐释"世界历史"理论时，就表现出他鲜明的世界历史性

---

① 《马克思恩格斯全集》第三卷，人民出版社，1960 年，第 48—49 页。

② 《马克思恩格斯全集》第三十六卷，人民出版社，1975 年，第 456 页。

③ 《马克思恩格斯全集》第四十六卷（下册），人民出版社，1980 年，第 219 页。

的理论视野。马克思笔下的世界历史有两种含义，无论作为人类诞生以来的总体的历史，还是作为狭隘的民族地域性历史转变为"整体化"的世界历史，都不可能脱离人类的交往。在马克思看来，人类历史发展过程不是"绝对精神"的运动过程，不是"自我意识""宇宙精神"等纯粹的抽象行为，而完全是现实的人在物质世界的实际活动。历史向"世界历史"转变的根本原因，是生产力发展以及与之相适应的交往的普遍发展。没有生产力的发展，没有分工的发展使生产和交往分离，没有人类交往的扩大，就没有世界历史的形成；在"世界历史"意义上存在的人，不仅为人的全面发展创造了条件，而且直接促进了人的全面发展。

第五节　马克思主义"世界历史"理论的现代意义

马克思主义"世界历史"理论，是马克思在创立唯物史观的过程中形成的，是唯物史观的重要内容之一。鉴于唯物史观对马克思主义学说具有"本源"的意义，所以马克思主义"世界历史"理论，也是马克思主义学说的基本原理之一，体现在马克思主义哲学、政治经济学和科学社会主义理论的各个方面，是工人阶级争取人类解放，从历史走向未来的伟大的认识工具。

马克思主义"世界历史"理论，产生于19世纪下半叶，但在当时并没有引起足够的重视，直到一百多年后，这种情况才得到改变，这是时代使然。一方面，一个多世纪的世界历史矛盾运动，表明马克思的预言已经成为事实，充分证明了马克思这一理论的真理性；另一方面，传统的社会发展理论，在回答20世纪世界历史巨变中提出的诸多重大理论问题时，已显得无能为力，使马克思主义"世界历史"理论的内在价值和现代意义迅速凸显出来。

美国耶鲁大学高级研究员、国际社会学联合会主席伊曼纽尔·沃勒斯坦，在西方学术界被称为"新左派"或"新马克思主义"者。20世纪70年代，他因创立"世界体系"分析方法，被认为是世界体系学派的代表，其代表作有《自由主义之后》《现代世界体系》等。① 他把整个世界作为一个体系进行研究，所谓世界体系"是一个社会体系，它具有范围、结构、成员集团、合理规则和凝聚力。世界体系的生命力由冲突的各种力量构成。这些冲突的力量由于压力的作用把世界体系结合在一起，而当每个集团不断地试图把它改造得有利于己时，又使这个世界体系分裂了。世界体系具有有机体的特征，因为它具有生命期。在它的生命期中，它的特征在某些方面发展变化，而在另一些方面则保持

---

① 《现代世界体系》4卷：第1卷为《现代世界体系：16世纪资本主义农业和欧洲世界经济的起源》；第2卷为《现代世界体系：重商主义与欧洲世界经济体的巩固（1600—1750）》；第3卷为《现代世界体系：资本主义世界经济大扩张的第二个时期，1730—1840年代》；第4卷为《现代世界体系：中庸的自由主义的胜利，1789—1914》。

稳定。人们可以依据该世界体系运行的内在逻辑来判定处于不同时期的世界体系的结构的强弱"。[①] 沃勒斯坦以新的视角系统研究了资本主义产生、发展、兴盛和衰落的历史，论证了资本主义世界体系形成之后即处在剧烈的斗争和变动之中，现已进入"混乱和告终"时期，到 21 世纪中叶，它必然被一个或多个后继的体系所取代。沃勒斯坦认为："我们不能预测它会是一个什么样的体系，但能通过我们目前政治的和道德的活动来影响其结果"，而"占人类四分之一的中国人民，将会在决定人类共同命运中起重大作用"。[②]

　　沃勒斯坦现代世界体系研究，首先是历史的研究，从 16 世纪的资本主义生产关系，直至现当代资本主义社会，包括对当前资本主义政治经济危机、资本主义现代社会科学体系的剖析等。沃勒斯坦"世界体系"理论的重要源泉，包括熊彼特、劳尔·普雷维什、卡尔·波拉尼、年鉴学派和普利高津等，马克思主义学说也是其中之一。沃勒斯坦认为世界体系是与生物体类似的社会机体，有其自身的发展规律，每一民族或国家的发展，都受到这一规律的制约和支配。这一基本观点，与马克思主义"世界历史"理论有高度的一致性。

　　1978 年 12 月，中共十一届三中全会实现了新中国成立以

---

① 沃勒斯坦：《现代世界体系》第一卷，高等教育出版社，1998 年，第 460 页。

② 沃勒斯坦：《现代世界体系》中文版序言，见《现代世界体系》第一卷，第 2 页。

来，党的历史上具有深远意义的伟大转折，开启了改革开放和社会主义现代化的伟大征程。1984 年 10 月邓小平指出，我们"总结历史经验，中国长期处于停滞和落后状态的一个重要原因是闭关自守。经验证明，关起门来搞建设是不能成功的，中国的发展离不开世界"。他还强调，"任何国家要发达起来，闭关自守都不可能。我们吃过这个苦头，我们的老祖宗吃过这个苦头。……长期闭关自守，把中国搞得贫穷落后，愚昧无知"。"历史经验教训说明，不开放不行。"① 1984 年底，英国培格曼出版公司出版英文版《邓小平文集》，邓小平在其"前言"中写道：我荣幸地以中华民族的一员的资格，而成为世界公民。"世界公民"思想与马克思主义"世界历史"理论一脉相承，中国的发展离不开世界。中国走进世界历史，在向全世界的开放中，坚持建设有中国特色的社会主义。

正是在这个意义上，改革开放是我们党的一次伟大觉醒，也是中国人民和中华民族发展史上一次伟大的革命。正是这伟大觉醒和伟大的革命，使中华民族的生存发展与世界历史接轨，中国更加自觉地走入世界历史的行列，大踏步赶上时代，融入时代潮流。马克思所揭示的"世界历史"时代是开放的时代，今天的世界是开放的世界，改革开放是中国发展生产力，走向繁荣富强的必由之路。

---

① 《邓小平文选》第三卷，人民出版社，1993 年，第 78、90 页。

2018 年 5 月，习近平在纪念马克思诞辰 200 周年大会上发表讲话时指出：学习马克思，就要学习和实践马克思主义关于世界历史的思想。今天，人类交往的世界性比过去任何时候都更深入、更广泛，各国相互联系和彼此依存比过去任何时候都更频繁、更紧密。我们要站在世界历史的高度审视当今世界发展趋势和面临的重大问题，坚持和平发展道路，坚持独立自主的和平外交政策，坚持互利共赢的开放战略，不断拓展同世界各国的合作，积极参与全球治理，在更多领域、更高层面上实现合作共赢、共同发展，不依附别人、更不掠夺别人，同各国人民一道努力构建人类命运共同体，把世界建设得更加美好。人类命运共同体思想，继承了马克思主义"世界历史"理论的价值立场，是对马克思主义"世界历史"理论的丰富和发展。今天，人类仍生活在马克思所揭示的"世界历史时代"。从历史与现实、理论与实践的结合上学习马克思主义"世界历史"理论，可使我们更好地理解中国致力倡建"人类命运共同体"，是如何科学地分析并揭示了当今世界历史进程的新特点和新趋势，从而顺应历史潮流，向全世界提出了人类文明走向的中国立场、中国判断。

马克思主义"世界历史"理论，是马克思运用唯物史观认识历史和解释历史的典范之一，对 19 世纪中叶以来世界各国的马克思主义史家产生了深远的影响。1964 年，吴于廑在批判"欧洲中心论"把世界分成"文明的欧洲和落后的非欧洲"，用欧洲的价值观念衡量世界时，开始提出"整体史观"思想，其理论渊源便是马克思主义"世界历史"理论。他说:"一部名副其实的世界史,无疑必须体现世界的观点。所谓世界观点,是针对地区或种族的观点而言的。它应当排除地区或种族观点的偏见,全面而如实地考察世界各地区、各国家、民族的历史。"[①] 文章发表后不久,"文革"开始,中国历史科学遭受严重摧残,世界史研究受到破坏,吴于廑的研究被迫停顿。

"文革"后的 1978 年 6 月,吴于廑在教育部召开的"全国高校文科教学工作座谈会"上,再次重申了他的"整体史观"思想,并进行了长期的艰苦的理论探讨。其间,一批重大学术成果相继问世。[②] 1990 年,《中国大百科全书·外国历史》出版,吴于廑为其撰写的卷首长篇导言《世界历史》,可视为"整体史观"的系统表述。其理论要点是:世界历史的内容是"对人类历史自原始、孤立、分散的人群发展为全部世界成一密切联系整体的过程进行系统探讨和阐释"。世界历史学科的主要任务,是"以世界全局的观点,综合考察各地区、各国、各民族的历史,运用相关学科如文化人类学、考古学的成果,研究和阐明人类历史的演

---

① 吴于廑:《吴于廑文选》,武汉大学出版社,2007 年,第 3 页。

② 这些成果主要有:《世界历史上的游牧世界与农耕世界》(《云南社会科学》1983 年第 1 期)、《世界历史上的农本与重商》(《历史研究》1984 年第 1 期)、《历史上的农耕世界对工业世界的孕育》(《世界历史》,1987 年第 2 期)、《亚欧大陆传统农耕世界不同国家在新兴工业世界冲击下的反应》(《世界历史》1993 年第 1 期)。

变，揭示演变的规律和趋向"。[①]"人类历史发展为世界历史，经历了一个漫长的过程。这个过程包括两个方面：纵向发展方面和横向发展方面。"纵向发展指五种社会形态构成一个由低级到高级发展的纵向序列，但它并非是一个机械的程序，"不同民族、国家或地区在历史上的多样性，和世界历史的统一性并非互不相容的矛盾"。横向发展"指历史由各地区间的相互闭塞到逐步开放，由彼此分散到逐步联系密切，终于发展成为整体的世界历史"。[②]"整体史观"的提出，对中国世界史知识体系的建设具有里程碑的开拓意义。

本书承接这一思想，对人类历史的发展过程做全面的、纲要性的梳理与阐释。

① 吴于廑：《世界历史》，中国大百科全书出版社，2010年，第2页。
② 吴于廑：《世界历史》，中国大百科全书出版社，2010年，第27、28、30页。

第二章

上古时期的世界

　　人类社会经历了漫长的演变，在从原始社会走出来的过程中，农业生产方式的出现是关键因素。农业的出现导致定居，导致剩余物质产品的积累，由此而导致私有制的形成，以及随之而来的社会结构分层、社会功能分化和阶级社会的形成，国家在此基础上组建，标志着人类从未开化向文明的过渡，以及从低级到高级的社会演进。在此过程中，生产力不断提高，社会组织结构日趋复杂，社会财富日益积累，文化和思想体系逐渐成熟。古代世界最显著的特征是奴隶制，在许多地区存在过奴隶制。不过奴隶制并不是千篇一律，它有多种表现形式，在不同地区有不同特征，古希腊罗马的奴隶制只是其中一种表现形式，其他地区有其他形式的奴隶制。此外，也不是所有地区都出现过奴隶制，在阶级社会形成的时候，也出现过其他形式的阶级结构。

　　早期文明有四个中心，即黄河长江流域、印度河流域、底格里斯河－幼发拉底河流域和尼罗河流域，这是人类文明的四大摇篮。文明产生时形成于相对狭小的地理范围内，散布成星星点点；之后，点与点之间的交流与接触将文明的范围不断扩大，最终连接为较大面积的地域国家，乃至更大范围的庞大国家（可称之为"帝国"）。帝国的出现是古代世界文明发展的普遍现象，也是历史横向发展的集中体现。由此，我们可以在古代世界的历史演进中清楚地看到两条线，即由低级到高级的纵向发展和从分散到整合的横向连接，二者演绎了丰富多彩的世界古代史。

第一节　人类进化与原始社会

人类历史源于何时？科学家们借助生物基因技术，逐渐破解了千百年来停留于人类想象之中的这一谜题。虽然人类发明文字、步入文明时代不过 5000 余年，但在此之前人类的祖先业已经历了极为悠久而复杂的进化史。人类大抵于 500 万年前与黑猩猩分途进化，依据现在可知最早的古猿化石——"阿尔迪"，可以推知在约 440 万年前的东非，人类的祖先已直立行走，迈开了走向人类社会的第一步。

此后原始人类大量繁衍于亚、欧、非各地，例如欧洲的尼安德特人、亚洲的元谋人、蓝田人等。根据 DNA 测试，亚欧大陆这些原始人的基因都没有保留下来，现在所有人类的基因仅可追溯到约 11 万年前生活在东非的人属古猿。基于现有的化石发掘，科学家们推测在 5 万—10 万年前，那里的晚期智人开始走出非洲，进入亚欧大陆，向世界各地缓慢迁徙。在亚洲，这些晚期智人自西亚经南亚，扩散到东南亚，其后有一分支在约 4 万年前渡海进入澳大利亚；另一批北上进入今中国境内，由南向北逐渐扩散；更有一支在约 1.5 万年前渡过白令海峡进入美洲，并逐渐南下，在中美洲和安第斯山区定居，缓慢地发展出部落组织。至此，南极洲以外的所有大陆都有人类生存。

科学家们并不能确知，来自非洲的晚期智人是以何种方式向外迁徙的，也不知道他们迁徙的原因何在。但是，"走出非洲"却带来了人类历史上的重大变化。从现有化石判断，这些晚期智人向各地扩散，很有可能加速了生存于当地的早期智人的灭绝。从生活环境看，利用气候的变化，通过迁徙和定居，晚期智人在各定居点逐渐取代大型食肉动物，占据了食物链的最高点；大型食肉动物被大规模地捕杀，不得不退出人类活动区。借助于火和各种工具，以及发挥集体力量，人类得以战胜大型食肉动物，并改变了生物的自然分布。

约 1 万年前，亚、欧、非大陆各地的人群开始突破技术瓶颈，驯化了为人类提供食物来源的主要动植物，从而发明了农业和畜牧业，史称"农业革命"。现今人类生产与生活依赖的主要植物和动物品种都在此次农业革命中被驯化。大体来说，亚欧大陆驯化了狗、绵羊、山羊、牛、猪和马等主要动物，以及骆驼、驴、驯鹿等较为次要的动物；此外也培育了大量至今仍然起着重要作用的农作物，如粟、稻、大豆、绿豆、大麦、小麦、高粱、豌豆等粮食作物，以及麻、棉花等提供织物纤维的物种。在更晚的时候，美洲居民培植了玉米、土豆、西红柿和棉花；澳大利亚地区培植了甘蔗。

农业革命如何发生？现代学者众说纷纭。大体来说，这次革命可能源于人口增长与环境变化带来的压力，为了应对压力，人类除了继续迁徙之外，需要寻找新的生存之道，用"生产"取代向自然界直接索取的渔猎采集。在新石器时代，人类留下的各种工具化石，在数量、质量和种类上都远远超过旧石器时代。磨制技术比较流行，石器制作越来越精细，有许多石器棱角清晰方正，刃口锋利；陶器得到了广泛使用，制作过程中普遍使用快轮，正所谓"工欲善其事，必先利其器"。

另一方面，人类组织方式发生变化，为社会变迁提供了必要的条件。通过功能分化，特别是农业、畜牧业和手工业之间的分工，能较快促进技术进步。在有些地方，星星点点地出现了较大的聚落和建筑遗存，表明人类即将告别原始社会，迈向文明时代。这一时期的新石器文化遗存在世界各地都有发现，比较著名的有：亚洲东部的仰韶文化、地中海东岸的纳吐夫文化、安纳托利亚的恰塔尔·休于文化、两河流域的哈拉夫文化和奥泊德文化、尼罗河流域的拜达里文化和涅伽达文化、不列颠岛上的埃夫伯里文化等。这些原始聚落孕育着人类的早期文明，起初只是一些孤立的据点，后来通过和邻近分布的其他据点交往互动，逐步形成最早的文明雏形，其地域也慢慢地交结相连，形成一片。

农业革命和新石器的使用带来了人类生产力的一次大飞跃。在新石器时代末期，不少地区开始少量使用金属工具，向青铜时代或铁器时代发展。随着金属时代来临，人类在果腹之余，可以有一定的剩余，而如何利用和分配这些剩余并调解人和人之间日益复杂的相互关系便成了重要问题，人类因此而进入阶级社会。

第二节　文明出现与国家形成

公元前 3000 年左右，欧亚各地的新石器文化逐渐进入金属时代。一般来说，最早使用的是青铜器具，例如埃及和西亚地区，而以中国商周青铜器最为著名。但也有一些地区可能直接就进入黑铁时代了，例如安纳托利亚的赫梯文明。随着生产工具的改良，劳动生产率提高了，剩余产品增加了，亚欧大陆形成了早期文明，例如在东亚的黄河长江流域，南亚的印度河流域，西亚的两河流域，北非的尼罗河流域等。稍晚一些，其他地区也有文明出现，例如爱琴海地区的米诺斯文明、伊朗高原的埃兰文明等，这些文明多是受更早文明的影响而生成。美洲和澳大利亚长期停留在石制工具阶段，直至近代才被纳入以欧洲为中心的世界体系中。

生产力的进步也推动了政治结构的发育，于是就出现了早期国家。一方面，人类社会的基本单元越来越小，原来是群居，逐渐过渡到以家庭为单位，私有制随之出现，依附关系也随之形成。另一方面，农业生产的季节性特征和农作物灌溉的需求，使得生产的协作与互助更加有必要，而家庭与家庭之间的竞争与协作、家庭与族群之间的联系与区分、地区与地区之间的争夺与互动，都刺激了社会变动，对如何组织人类社会提出了严肃的挑战。为此，人类开始创造不同类型的政治共同体，构建出早期国家。

国家的形成标志着文明诞生，人类走进文明时代。国家是如何形成的？学术界迄今都无定论。在 19 世纪的时候，人们认为国家诞生存在着某种固定的模式，但这个模式是以欧洲早期国家的形成为依据的，难以套用于其他地区。到 20 世纪，学者们认为从原始社会向早期国家转化至少有两种形式，一种是以部落联盟为中间环节的转化模式，另一种是通过"酋邦"而形成的早期国家。部落联盟可以转变成像希腊那样的古代城邦，酋邦则导致王政。但事实上如此区分只具有理论设计的意义，在真实的历史发展过程中情况要复杂得多。希腊城邦在早期也实行"王政"，而关于什么是酋邦也并无定论；并且，部落联盟与酋邦之间还可能存在多种混合状态和先后关系。

最初诞生的国家在规模上往往不大，大多以一个中心聚落（可称之为一个"城"）及其周边为界。考古发掘表明，约公元前 3500 年开始，在我们所熟悉的四大文明发源地即黄河流域、印度河流域、两河流域和尼罗河流域，就有较大规模的公共建筑群存在，包括祭祀场所、集会场所、首领居所等，在学者们看来这些就是"城"的标志。"城"的出现表明有行政中心即统治中心存在，人类的政治社会已经形成了。中国远古时期把统领一方的地方首脑称为"方伯"，方伯所管辖的地区是"部落联盟"还是"国家"，其实争议很大。在那样一个洪荒初辟、文明初启的时代，政治结构处在持续的过渡状态中，部落联盟和国家之间的界限是很模糊的。

"城"是早期文明的普遍现象，两河流域苏美尔地区有 300 余座城，其中重要的有 30 多个；尼罗河流域有 50 多个很大的城；印度河流域业已探明的城址多达几百处。东亚从东海之滨到黄土高原、从巴蜀盆地到蒙古草原，出现了"满天星斗"的现象，考古发现接连不断，这些远古城址的发现为追踪中华早期国家的形成提供了佐证。撒哈拉以南的非洲乃至美洲也有以大型公共建筑物为标志的城池发现，说明早期政治共同体的出现分布在世界广阔的地域内。一般而言，城筑有防御工事，城内有较多居民居住，城中心有公共建筑物，有作坊和集市，因此有商业，还可能存在简单的给排水系统，人们用文字或其他记事手段进行记录。更重要的是，城是一个地区的行政中心，因而有王宫或议事厅，城里的居民有职能分工，如巫师、武士、奴仆等，社会等级已经形成了。其极端者如印度河流域的种姓制度，四个种姓分别为祭司（婆罗门），战士（刹帝利），农牧民、手工业者、商人（吠舍），以及没有土地的农民和奴婢（首陀罗）。城外是乡野，以农业和养殖业为经济基础。城的出现是定居的结果，表明人类已经从渔猎采集的流动生存方式发展为农业定居的生存方式了，早期国家就是由此而产生的。

以城为中心的早期政治体一般都很小，如希腊城邦，或两河流域的乌尔诸城；中国古代哲学家老子所说的"小国寡民"差不多也是那样。这些政治体有一些共同特征，即在一个不大的地理范围内相对集中，彼此往来很容易，因而往来也就很频繁。往来的形式很多，包括和平的往来如通商、通婚、使节交往、人员流动、精神影响等等；也包括暴力的往来如征战、械斗、杀戮等等。无论和平的往来还是暴力的往来，结果都是小型政治体之间的融合，在文化、社会乃至政治层面交融起来成为一体。以往一个城一个政治体的局面被突破了，演变为在一个相对大的地域内形成单一行政单元，即地域国家。这是国家发展的新阶段，也是人类历史从分散到整体的第一步，当然是关键一步。因为如果走不出这一步，早期政治共同体也许就不能维持，刚产生不久的文明也许会消失，非洲东海岸就曾发现有古文明遗址存在，后来却不知为何消失了。而一旦走出这一步情况就不同了，两河流域的乌尔、阿卡德、巴比伦、新巴比伦、亚述等等都曾是强大的地域性国家，是它们推动了古代两河文明的发展。上下尼罗河的统一催生了几千年的古埃及文明，其间有 20 多个王朝相继出现，使尼罗河成为人类远古文明的重要摇篮。雅利安人入侵印度，早期地域国家缓缓出现，传说中的月种王朝和日种王朝、后来有据可查的摩揭陀和犍陀罗都是这类地域国家。先雅利安人存在的哈拉帕城市政治体却消失了，人们迄今并未发现那些政治体转变为更大地域性国家的迹象。在中国，传说中的炎、黄两族结盟显然有重大意义，为日后地域性国家的出现奠定了基础；大禹治水时得到四方诸侯的襄助，然后又有涂山会盟，"夏"这个国家于是产生，中国历史也进入地域国家阶段，中国古史上的"三代"持续近两千年。

与之前以城为中心的早期政治体相比，地域国家有更广大的地理范围，有更多的资源，有更强大的行政力量，在多数情况下实行王政，有利于资源的调配和流动。并且，由于将原先存在于这一地域的诸多小政治体兼并为一个大的政治实体，即地域国家，因此能够经常维护内部的安宁，战争状态相对减少，社会混乱因而降低。这些都有利于生产力的发展，加之在这个时期金属工具（青铜或铁）普遍使用，因此地域国家一般都出现社会经济大发展的现象，文明跃升至新的高度。埃及在新王朝时期已经非常富裕，招致西亚、北非乃至欧洲各种力量对其觊觎不已。摩揭陀和犍陀罗都是富裕国家，史书记载对其有高度评价。新巴比伦时期的"肥沃新月带"是亚非交接处著名的发达地区，尼布甲尼撒二世声名远扬。中国到战国时期，黄淮江南的发展程度也已经很高，经济文化中心已不仅限于陕西、河南，齐国的营丘（淄博）、楚国的郢都、赵国的邯郸、吴国的吴都等，都是著名的商业、手工业城市。

农业发展，推动商业贸易蓬勃兴起。中国史家司马迁曾总结贸易的必然性：山西盛产木材、竹、谷、玉石等，山东多有鱼、盐、漆、丝诸物，江南富产姜、桂皮、珠玑、齿革，北方则多马牛羊、旌裘等物，矿石则出自山里，各地物产交流，逐渐形成贸易网。所谓："致昆山之玉，有随和之宝，垂明月之珠，服太阿之剑，乘纤离之马，建翠凤之旗，树灵鼍之鼓。"在其他文明发达地区，商业也是沟通各区域国家的有力媒介，比如两河流域北部地区的商旅沿幼发拉底河和底格里斯河逆流而上，进入安纳托利亚和地中海东岸，或者通过伊朗深入札格罗斯山区；南部地区的贸易客从波斯湾进入阿拉伯海和红海，向东进入印度河流域。商人们输出布匹、陶器等，输入各种贵金属。今土耳其的凯塞利南部20公里的灰山，就是当年亚述王国商人经营的著名贸易定居点，这个定居点分为上下两阶，高者为宫室建筑，低者为街道商铺，每个店铺都是前店后库。商人们用两河流域出产的谷物、布匹、陶器和来自伊朗山区的锡，换取安纳托利亚高原的白银、阿拉伯地区的铜矿石等。现在留存的23000多块泥板，仍在叙说着当年的繁华景象。有些学者甚至说，印度河流域文明似乎是与两河流域发生贸易往来而兴起的；而古代埃及的南与北，以及与西亚和地中海盆地的贸易网络也相当活跃。

随着贸易与交通发展，人民迁徙也相对频繁。中国古史上就有"殷商八迁"之说，而中国上古时期最为著名的移民拓殖发生在西周战胜殷商之后。为了巩固统治，也是为了扩大疆域，西周采取封邦建国的方式，进行大规模的拓殖活动，搭建了日后统一中国的基本框架。据史书记载，姜太公到营丘拓殖，邦国大盛；楚国接受中原文化，将"南蛮"纳入中国范围。箕子率商人远赴，则成为今日朝鲜国家的先驱。类似情况在世界各地主要贸易线路上都有发生，沿印度河口至波斯湾，从波斯湾到红海，从红海至地中海和黑海，波涛所及，在位置合适的良港，莫不有各种殖民据点建立。沿着海岸线，腓尼基人、埃及人、犹太人等都建立殖民城市，把文明从一地传播到另一地。到公元前5世纪时，通过广泛的拓殖活动，希腊人的城邦已遍及地中海沿岸，包括意大利、法国南部、西班牙、北非等地。西塞罗曾说：希腊人的殖民地仿佛是一条密密缝在"蛮邦原野"这大片织锦上的花边。

经济活动与日俱增，社会结构日趋复杂，国家治理的要求也提高了，普遍适用的法律便成为不可或缺的社会管理工具，立法工作提上日程。在两河流域，乌尔第三王朝就有成文法出现，距今已有4000多年；稍晚，约3700年前制定的汉谟拉比法典是现今存世的最早一部比较完整的成文立法，产生于公元前18世纪早期的古巴比伦王国。在地域性国家产生之初，需要制定全国适用的法律，以便统一管理，因此在埃及古王国时期就有法律纸卷，尽管迄今仍未有考古实物出土。印度次大陆在形成地域性国家的过程中，以"达摩"为代表的一套行为规范形成了，人们普遍将其理解为"法"，尽管还不像汉谟拉比法典那样被刻在石头上或古埃及纸卷那样写在纸草上。罗马人在公元前 5 世纪制定"十二铜表法"，刻在 12 块铜板上，是又一部著名的古代立法，其世俗性质一如汉谟拉比法典。中国古代在周朝就形成了完整的典章制度，礼乐之制规范全国；而"禹刑""汤刑"之说，更早于周代立法千百年。至战国时期，各国都有成文法律，其中以秦律最知名。

与国家建设同步，思想结晶如泉水喷发，造就了人类历史上罕见的"轴心时代"。轴心时代是指：在差不多同一段时间里，各文明中心都出现一批优秀的思想家，他们的思想影响深远，在历史上留下深刻印记，以至于后来世界上广为传播的各种主流意识形态与精神取向，基本上都是那些智者们思想的延续或变异，直至今日依然如此。孔子的仁爱之说，佛陀的苦谛顿悟，犹太经典中的"原罪"与"救赎"，希腊哲人的宇宙思考，这些都在先后差不多一百年的时间里形成，确实是历史奇迹。我们今天各大民族精神深处蕴藏的基因，仍可追溯到那个时代。值得注意的是：一种意识形态（包括宗教）的广泛传播，往往是和强大的国家联系在一起的，佛教和孔雀王朝相联系，儒学独尊归功于大汉帝国，古希腊哲学的集大成是在城邦向帝国转化的时期，当时希腊世界正在消失，希腊化时代即将开始。

在古代文明中希腊是特例，与近代以后西方学术界流行的说法不同，它不是"普世现象"。古代世界普遍的现象是国家从以"城"为中心的小范围开始，向较大范围的地域国家转变；地域国家有可能进一步扩大地理范围，最终发展为庞大帝国。而古代希腊世界却未能完成这些转变，相反，它始终是一些"城邦"，停留在国家形成的最早阶段上。城邦多以一个城为中心，加上周边的农村，组成一个政治体。城邦都很小，最大的也只有六七千平方公里，小的甚至几十平方公里，人口几万或十几万，最大的只有几十万，是典型的"小国寡民"。人口一大部分是奴隶，因此欧洲文明从源头上说是奴隶社会；奴隶只是财产，是由财产的主人任意支配的。自由人组成公民群体，城邦是全体公民的联合体；公民有特定的权利和责任，在政治上是牢固的共同体。各城邦的政治制度不完全一致，大体上有三种形式：王政、贵族政治、民主政治，按亚里士多德的说法，即"一个人的统治""少数人的统治""多数人的统治"。城邦固化是古希腊最大的特点，与世界其他早期文明地区形成对比。希波战争后，雅典试图整合希腊世界，令爱琴海地区的大小城邦都服从它的管制，但这个企图失败了，伯罗奔尼撒战争摧毁了雅典的图谋，也摧毁了古代希腊世界。完成整合的是马其顿，一个集权的"蛮邦"；马其顿把希腊世界带进希腊化世界，将地中海地区引向了帝国时代。

第三节　帝国时代与奴隶制度

约公元前 19 世纪到前 18 世纪，安纳托利亚地区兴起了赫梯国家。依靠铁制武器和战车等新式装备，它迅速扩张，被人们称为赫梯帝国。赫梯对内实行集权，对外进行征服，其领土范围曾一度包括安纳托利亚半岛大部，两河流域西北部，地中海东岸今伊拉克、叙利亚之一部分，并与埃及争夺地区霸权。对于被征服地区，赫梯采用"封侯"的方式进行管理，将王子派往重要封国担任总督，附属国君主需定期前往哈图沙朝觐，缴纳贡赋，与赫梯建立攻守同盟和引渡协议。但帝国时代的起始，还要以波斯帝国的出现为标志，比地域国家更广袤的政治实体形成了。

公元前6世纪，居鲁士攻灭新巴比伦，建立了波斯帝国。波斯国家对内实行君主专制和中央集权，权力集中于国王之手；全国设立5大军区，负责军事行动，另有20行省，负责民政管理，尤其是征收赋税。大流士统一币制和度量衡，发展经济。为政令通达，方便军队调动，保证境内的军队和物资流通，大流士采用并改进了亚述人所使用的驿站制度，在全国修建驿道，最长的一条称为"御道"，起自小亚细亚西海岸的以弗所，东至伊朗高原的苏萨，全长2400公里；用快马送信，日夜不停，只要两星期就可以送达。波斯国家的一大支柱是军队，依靠强大的军队，波斯迅速扩张，其领土范围最大时将米底、吕底亚、新巴比伦、粟特、花刺子模、帕提亚这些古代地域性国家尽收囊中，显现了帝国整合的特征。波斯帝国强盛时期，境内道路四通八达，商业繁盛，经济发展，文化艺术都达到相当高的水平，是雄踞于亚非欧三洲交界处的第一个大帝国，其治理体系和统治方法对随后出现的庞大帝国都产生过实质性影响，亚历山大击灭波斯后，几乎原封不动地继承了波斯的统治形态，建立起自己的大帝国。

纵观历史，后来出现的诸多帝国确实都有波斯的特征，比如军事征服，官僚政治，令从上出，集中管理；向行省派驻总督，在征服区驻扎军队；修筑四通八达的驿道公路，既有益于发展商业，更方便运送军队和镇压叛乱；向全国征税，发行统一货币，编制各地丁册，推送官方文化，在经济方面，帝国的建立有利于大范围内的和平安定，因而有利于生产发展，有利于国计民生。商业贸易在帝国的卵翼下日益昌盛，司马迁曾说：秦以后，"海内为一，开关梁，弛山泽之禁，是以富商大贾周流天下，交易之物莫不通，得其所欲"；著名的丝绸之路即是汉通西域之后开辟的亚欧商业通道。罗马帝国以其"罗马的和平"所带来的时局稳定，将地中海变为一个商业圈，把东欧、西欧、南欧、北欧都放在这个商业圈内。帝国性政治认同也在地方认同之上得以构建；帝国视野和天下关怀，以及更加公平的法制带来了更为广泛的社会公正，通过钦差和上诉网络，帝国司法有利于克服地方性司法不公。公平或公正是帝国给地方性居民带来的最大福祉，但帝国也意味着对地方性资源的榨取和剥削。总体来说，人类文明在经历了从小范围的以"城"为中心，到较大范围的地域国家之后，向更广大范围的帝国演变，帝国显然有助于社会经济发展。

波斯帝国只存在二百多年，但紧跟其后有许多帝国在世界不同角落接踵而出。亚历山大死后，其部将分割其帝国，埃及的托勒密和西亚的塞琉古基本上都是帝国建制，尤其是塞琉古，其统治范围一度与波斯帝国最强盛时的领土范围差不多。在印度次大陆，旃陀罗笈多以摩揭陀为依托建立孔雀王朝，经过一系列远征与扩张，到阿育王时期，孔雀王朝已控制次大陆绝大部分地区，成为印度历史上第一个帝国。

差不多同时，罗马完成对意大利的征服，成为强大的地域性国家；以此为契机，罗马开始急剧扩张，经过约两百年战争，不仅将包括埃及、迦太基和希腊各地在内的西亚北非所有文明古国变为行省，还将其统治范围扩大到未开化地区，例如高卢和不列颠，使地中海成为其内湖。战争将罗马从共和国变成帝国，古典的希腊式城邦不再存在，古代世界的整合过程被罗马完成了。这以后，西亚北非再也不是小国分立的状况，帝国形态一直维持到20世纪。

在东亚，公元前221年秦始皇兼并六国完成统一，东方世界也进入帝国时代。19年后刘邦建立西汉，连同东汉、三国，为时长达近500年。秦汉将东亚大地诸多小国归于一统，不仅包括黄河长江流域的"战国七雄"，而且包括曾经在今日中国的华南、西南、西北、东北诸地存在过的许多地方政权，甚至包括朝鲜和越南的部分地区。在这500年里，波斯帝国、亚历山大帝国、孔雀王朝等早期帝国都已瓦解了，世界上只剩下两大强国，即东方的汉王朝与西方的罗马帝国，它们是当时的"超级大国"。但汉王朝与其他帝国的不同之处，在于它瓦解后，大一统的国家建制却一直保留下来，此后两千年始终不变，其文明的基因也不变。究其原因，是帝国的国家形态与"大一统"的观念意识高度结合，在以后的两千年中虽有波折，但分久必合，一贯如此。

古代社会是农业社会，农业生产是经济基础。从原始到文明的转化中，农业的出现是关键。而农业社会的组织结构如何，劳动者的社会地位怎样，这些都是人们关心的问题。总体而言，国家形成后，人与人的关系发生变化，原始社会那种相对平等的关系不再存在，出现了统治者与被统治者、主人与奴隶之分。战争、债务、依附等因素都可使人沦为奴隶，奴隶制度是古代世界的普遍现象。不过奴隶制并不是千篇一律，有各种表现形式，在不同地区有不同特征，大体可分为两种形式，一种是私有形式，另一种是共有形式。由于奴隶被看作一种财产，因此具有所有制属性。人们谈论较多的奴隶制是古希腊雅典城邦的奴隶制，那是一种私有性质的奴隶制，奴隶被看作私人财产，需服从其主人意愿，按主人的要求进行劳动，或提供其他服务。奴隶主支配奴隶的劳动，也有权支配他的生命。从理论上说，雅典的奴隶没有财产，奴隶的一切都归奴隶主所有。希腊很多城邦都实行这样的奴隶制，但也有城邦实行共有的奴隶制，比如在斯巴达，希洛人就是斯巴达人共有的奴隶，他们是被斯巴达人征服的本地原住民，受斯巴达人共同奴役，但也能持有少量财产。

古希腊的奴隶制堪称典型，表现在各城邦的人口比例上，在雅典，自由民与奴隶的比例大概是1∶1，在斯巴达则可以达到1∶7。劳动几乎都是由奴隶承担的，这是典型的奴隶社会。古罗马的奴隶制与希腊城邦大体相当，随着罗马征战不休、领地不断扩大，大量战俘被送到罗马，他们都成为奴隶，从事各种生产活动，或者被训练成角斗士，供罗马公民娱乐时使用。角斗是一种血腥的游戏，角斗士被迫相互厮杀直至最后一个人，或者与猛兽厮打，最终总是死于角斗场。

然而在西亚北非，在埃及、波斯、两河流域那些地方，奴隶制的表现形式就不一样，更多的奴隶是共有的属性，属于宫廷、庙宇或其他公共机构，不像在希腊罗马，奴隶私有占主导地位。埃及金字塔是谁修的？人们经常说是奴隶修建的；但近年来的考古发现，修建者似乎有较大的自由度，也许可以把他们看作"国家奴隶"，因为在精神深处，法老是全体埃及人的最高主人。在波斯和两河流域情况或许也是这样，在这些地方关于私有奴隶的记载相对比较少。

奴隶的来源主要是战争，埃及对利比亚、努比亚以及后来对亚洲地区的战争，波斯在版图扩张过程中发动的无数次战争，巴比伦和亚述征服异族、建立霸权的一次次战争，以及罗马人在建立庞大国家的几百年中四方出征所经历的战争，都为国家提供了取之不竭的奴隶资源，奴隶劳动就建立在战争和掠夺的基础之上。在古代文献和绘画石刻中都可见到战俘双手被缚、捆绑成行送往战胜国的场面。奴隶的另一个来源是债务，在财产私有制占主导的地方，如希腊、罗马，这种情况就更加常见。债务奴隶经常有一定的期限，期限届满或债务还清之后可以恢复其自由身份。

关于中国古代，一般会接受殷商为奴隶社会的判断，人殉在这个时期十分普遍；但周代是什么属性，学界分歧比较大。周灭商成天下共主后，很快推行分封制，将同姓封在近畿拱卫京都，将异姓封在四方藩屏边陲，此谓"封邦建国"。封邦之外，还有归属的番邦、友好的邻邦、远方的异邦，由此组成一个"天下"，天下观产生。周在经济方面实行井田制，至少从理论上说一切土地归周王所有，受土之人并无所有权，只有使用权，这就是所谓的"普天之下，莫非王土"。普通百姓耕作"私田"，共种"公田"，服劳役租。

奴隶劳动是古代世界的普遍现象，但奴隶占人口结构的比例有多大、奴隶劳动在经济活动中的重要性有多少，在不同的地区情况是不同的。奴隶劳动是氏族社会解体晚期出现的现象，是社会形态过渡的结果。在世界范围内，有些民族从原始社会过渡到奴隶社会，最典型的就是古代希腊和罗马；但另外一些民族却进入其他过渡形态，例如日耳曼人、斯拉夫人、亚欧大陆北部的草原民族如匈奴人、塞人等等。日耳曼人是许多部落民的统称，原本在罗马帝国疆界以北生存，后来受匈奴人东来挤压，进入罗马境内，形成著名的"民族大迁徙"，西罗马帝国就是在这个迁徙中灭亡的。日耳曼诸部落进入帝国后摧毁了西罗马国家及其奴隶制度，西欧向封建社会过渡；然而就日耳曼人而言，他们自己并没有经历过奴隶制。斯拉夫人长期在东欧大草原上游荡，很晚才组成国家；东斯拉夫的农村公社一直是国家的基本单元结构，农奴制后来在这个基础上发展起来。匈奴人、塞人都是游牧民族，在中国北方活动，也建立过国家，后来历经数百年迁徙，慢慢融入当地其他民族之中了，他们的社会制度就更复杂。还有印度，由于种姓制的存在，职业区分要大于自由与不自由之分，奴隶与其他劳动者之间在人身自由方面的区分度并不像希腊那么明晰，所以希腊人麦加斯提尼认为印度并不存在奴隶制。总之，从原始社会向更高级社会过渡的过程是复杂而多样的，各民族、各地区都有其特点，需要做细致的、深入的实证式分析。

奴隶制因其内在悖论逐渐走向衰亡。以罗马为例，在帝国晚期，其扩张冲动减弱，扩张力量也衰退，战争减少，获取大规模奴隶的途径日趋枯竭，奴隶来源主要依靠奴隶的自我再生产和自由民卖身为奴。但奴隶的自我再生产过程逐渐使奴隶获得部分财产和人身自由，自由民卖身为奴则严重威胁到帝国的税收和兵源，所以，在帝国末期奴隶制逐渐衰落下去。在帝国瓦解之后新生的蛮族王国或地方性国家有意识地建立新的认同，并采取措施保护自由农民。罗马帝国消失后，跨地域获取资源和财富的奴隶主阶级不得不日益地方化，其财富普遍受损，掌控大规模奴隶人口的能力也下降了。随着市场缩小，获取大量产品以便销售的动力大为减弱，奴隶主阶级不得不适应新的变化，对利用奴隶进行

生产的兴趣变淡，他们更愿意转变为地主，将土地出租，并释放
或允许奴隶变为农奴，承租土地，这使得自由的小农数量逐渐增
加，古代的奴隶制最终消亡。

第四节　古代科学技术与思想

铁器的使用，加上畜力的辅助，为农业的增产奠定了物质基
础，很快就有一系列农书问世，例如公元前 1 世纪罗马学者瓦罗
的《论农业》；中国西汉氾胜之的农书（《氾胜之书》），从现存
内容看，介绍了 12 种作物的栽培经验，尤其对较大规模的作物
种植具有指导意义；东汉崔寔的《四民月令》则按照一年四季的
顺序，逐一讲述各种时令包括农业生产在内士、农、工、商四种
类型的生活方式；希腊的色诺芬介绍了家庭主妇如何管理好家庭
经济，以便提高收入。

为了求得风调雨顺，古代社会除了敬神、发展宗教祭祀仪式
之外，也大力发展了天文星象学。古代巴比伦人观测和总结了太
阳年历，古代埃及人则对尼罗河的泛滥与年度季节变迁之间的关
系有深入而多元的探究。地域广大的帝国的存在为天文学的发展
提供了良好条件，观象授时结出了重要成果。汉代司马迁等人参
与研制的《太初历》，测量一年为 365.2502 日，提出二十四节气。
耿寿昌制成浑象（天球仪），模拟天球的运转。张衡写作《灵宪》

和《浑天仪图注》，提出了以地球为中心的宇宙理论。罗马时期的托勒密写作了影响深远的《天文学大全》和《地理学》，他假定地球是圆的，所以要用角距离来进行计算；同时又假定天体运行轨道为圆形而非椭圆形，于是依据观测结果和数据建立起地心说。托勒密的《地理学》8卷还基于对地球的知识，依据经纬度和气候带假设来探讨如何绘制精确的地图。尽管由于实际测量数据有限，《地理学》中错误较多，但也总结了古代地中海世界的地理学知识。托勒密的《星占四书》充满神秘的想象，反映出在测量技术落后的情形下，古代科学知识往往会与主观想象产生奇妙的结合。而托名于托勒密写作的《托勒密论光学》对于各种光线的折射率进行了大胆的研究。

生产规模扩大和技术交流频繁使各种实用性技术得到迅速发展。从天文测量到道路桥梁水渠的建设，无不有新工具的创造和实际经验的积累。中国战国时期流传开来的《考工记》，是手工业专书，源自对官府兵器制作和纺织等技术的总结。东汉的杜诗制作水排，加强了鼓风能力，进一步改进了冶铁技术。东汉的蔡伦改进了造纸术，三国时期马钧重新制造了指南车，东汉张衡制造了监测地震的候风地动仪。

为了统治庞大的帝国，波斯、罗马和秦汉都修建了四通八达的驿道系统，将帝国各处方便地连接起来，其遗迹至今可辨。为了保护帝国，抵挡境外人群的侵扰，罗马和秦汉都修筑了长城，至今都列入联合国世界文化遗产名录。古代埃及的神庙、金字塔设计都以天文测量数字为比例，建造技术至今令人叹为观止。古代亚欧非交界处的所谓七大奇迹，包括巴比伦城的空中花园、亚历山大里亚的港口灯塔等，展示了高超而精巧的建筑技艺。疆域广袤的帝国更带来了巨量的税收和财富，使得帝国的城市建筑变得雄伟壮丽。据说秦始皇营建阿房宫，作长廊，曲折幽深。始皇陵更是谜一般的地下建筑，令今人产生各种猜测。罗马帝国的创始人屋大维宣称要给罗马人留下一座大理石建造的罗马城；各种罗马广场、神庙和大型公共建筑，至今仍在向游人诉说着古代匠人精湛的技术和建筑文化。

在日常生活中，为了解决实际应用中产生的几何与算术问题，各种数学书籍应运而生。印度发明的数字系统后来流传到阿拉伯，被称为"阿拉伯数字"，现已被全世界通用。东汉时期的《九章算术》为解决实际生产生活中碰到的数学问题，从九个方面加以系统阐述。希腊人尤其对各种抽象的数学原理感兴趣，从毕达哥拉斯对数学和音乐的研究到欧几里得的《几何原理》都是如此。《几何原理》全书13卷（后人添加2卷，共15卷），编排严密，结构谨严，具有深刻的哲学意蕴。科学家们在当时简陋的条件下，深入一线，掌握各种数据和观测结果，比如老普林尼在写作《自然史》的过程中，为了调查维苏威火山的爆发，甚至献出了生命。

生老病死的现象不仅刺激了宗教的发展，也催生了积极治疗的医药学。西汉时期的《神农本草经》，调查了各种药物多达

365 种。东汉末年张仲景的《伤寒杂病论》，理、法、方、药环环相扣，奠定了中国古代医学的基本范畴。罗马时期的希腊医生盖伦，通过接受新柏拉图主义提出了许多医学原理，他还通过解剖动物，对血液循环有了比较深入的了解，从长期的治疗实践中获得了许多治疗经验，并在用药的过程中对植物进行了系统的分类，种类多达 550 种。盖伦著述丰富，作品繁多，流传至今的有《论解剖标本》《小技》《论人体各部位之功用》等百余种。

令人遗憾的是，许多古代的科技文献并没有完整地流传下来，有一些思想也可能误导了后来者。但是，这些早期的探索不仅为后来的科学发展铺垫了路径，而且刺激了不同地方的人们彼此交流。中国的各种发明向西传，印度的数字系统传向四方，希腊罗马的数学、物理学知识传入东方，构成了人类文化在古代世界的交流与发展。帝国的出现不仅促进了物质和文化的交流，而且有助于日益密切的技术交流。秦汉时期发明的制砖技术、独轮车、丝绸纺织技艺、漆器制造技术等不仅推动了国内的经济发展，而且刺激了丝绸之路的开通，促进了亚欧大陆沿线各地的商贸和人员往来。汉代发明马镫，后来经阿拉伯帝国传入西方，引发了西方军事技术的变革，被人称为"马镫引发的军事革命"，改变了中古世界文明的面貌。

古代也是思想起源的时代，涌现出最早的诗歌、历史叙事、政治作品等等。尤其是公元前 8 世纪至公元前 4 世纪，在亚欧大陆城邦联盟与竞争的政治背景下，各国彼此图强，鼓励各种改革，从而催生了成熟的政治、军事、宗教、历史等各方面思想，奠定了各种传统文化的根基，以至于被称为人类历史上的"轴心时代"。

在中国的东周时期出现了百家争鸣的思想繁华景象，其中儒、墨、法、名、阴阳和道家最具影响力，对于国家治理和社会生活问题，六家各有偏重，彼此争鸣。其中儒家倡导君主的道德表率作用，法家伸张法的权威和君主的权力，道家则强调秉要执本，清静无为。这三家后来彼此融合，成为中国古代主流的政治治理原则。在希腊世界，苏格拉底、柏拉图和亚里士多德师徒三代奠定了西方思想的基础，他们借助于形式逻辑等思想工具，发展出一套系统的哲学、政治学、美学，为建立"理想国"展开了思想的探索。在南亚、波斯和犹太地区，宗教信仰为其文明发展搭建了框架：婆罗门教主张种姓尊卑有序，各守其责。佛教认为众生平等，业报轮回；在具有强烈入世导向的古代东方，佛教的主张起着对冲、调节的作用。琐罗亚斯德教贡献了善恶二元论的宗教哲学话语，强调自我修行，洁身自好，以便扬善去恶。犹太人在辗转迁徙各地、充分吸纳西亚各地文化的基础上，标榜自己是上帝的选民，崇拜唯一的真神耶和华，从而开创了一神教的先声。这些思想和信仰体系在不同文化间相互渗透，逐渐适应了不同地域的政治与文化环境，变得丰富多彩，为地方文化与普世文化的矛盾统一架起了沟通的桥梁。

古代社会是思想、科学和技术的源头，尽管在今天看起来不免陈旧，有隔世之感，但古人的智慧绝不比今人差，古代知识传播的能力也不容小觑。人类文明都是在知识与制度的相互传播、相互影响下发展的，没有交往，也就不会有人类文明。古代文明是人类文明的起点，当人类的文明继续前行时，历史就走进了"中古"时代。当然，"古代""中世纪""近现代"这些概念都是人们为更好地理解和解释历史而人为设定的，并不具有严格的客观属性。

第三章

中古时期的世界

　　中古承接上古，既是时间上的演变，也形成了新的封建社会形态。封建主义是一个世界性的话题，但其内涵在不同时空背景下却有不同理解。狭义封建主义强调这一概念的西方特殊性，指出其与经济结构方面的土地分封制及社会关系方面的封君－封臣制之间的关联性，并将这种现象推广到许多非西方地区，以判断封建主义是否存在。广义封建主义则主张封建主义作为一种经济社会形态所表现出来的世界共性特征，强调将土地作为决定性的生产资料而派生出来的地主与农民的关系，即一种半强制的剥削关系。因此，在广义封建主义看来，封建主义具有世界历史上的普遍意义。马克思主义的封建主义理论，从社会形态尤其是生产方式的层面凸显了封建主义的普遍特征，从这个角度看，中古世界的历史就是封建主义在各国各地区形成与发展的历史。另一方面，从世界历史的横向发展来看，中古历史又是文明的传播与整合超越了帝国地理空间、向更大范围扩展的历史，在这个历史中形成以宗教或非宗教思想体系为标志的四大文明圈，文明圈内部有共同的价值指向和判断标准，有相似的生存方式和生活习惯，有雷同的制度框架，有接近的文化甚至文字。这些特征超越国家的地理疆界和政治管辖范围，使众多政治体处于同一文明框架下，接受共同的价值观，并由此形成规范且相似的生存方式。在资本主义发生之前，世界上形成了四大文明圈，即：以儒学为标志的东亚文明圈，以婆罗门教－印度教为标志的南亚文明圈，以伊斯兰教为标志的西亚－北非文明圈，以基督教为标志的欧洲文明圈。四大文明圈的形成，是世界历史从分散到整体的重要步伐。四大文明圈之外，则存在某些正在发育之中但在地理上相对孤立的地方文明区块。

第一节　文明圈与封建社会

公元 3 世纪时，汉帝国走向衰落。184 年的黄巾起义及豪强争战导致东汉王朝解体，魏蜀吴三国分立。西晋的短暂统一之后是八王之乱，分裂再起。与王朝更迭相伴随的是社会动荡，经济衰退和人口锐减。据统计，在东汉末年帝国有人口 5600 万，到三国时只有 760 万，西晋太康元年（280）也才恢复到 1600 万。随着来自外部的五胡入侵，帝国遭受更大打击，316 年西晋灭亡。匈奴、鲜卑、羯、氐、羌等北部游牧民族渐次进入中原并定居下来，建立起各自的政权，史称五胡十六国。383 年淝水之战后，形成南方汉人与北方胡人政权对立的局面，南迁的东晋政权未能持久，此后有宋、齐、梁、陈等王朝的兴衰起落。南迁侨民与江东土著互相融合，这是中原文化影响和同化南人的过程。在北方，胡人政权相互征战，439 年北魏统一北方，孝文帝进行改革，推行儒学文化，行汉礼，穿汉服，接受了中原价值观。589 年隋统一中国，使南北双方再度一统。618 年唐朝建立，并迅速成长为一个世界性的大帝国，其影响力为一时之盛。但 751 年怛罗斯之战唐军大败于大食，扩展的势头在西部受到阿拉伯帝国的阻击。

从社会形态来看，这几个世纪体现着封建的特点，尽管是一种广义的封建主义。自 3 世纪开始，新的社会关系逐渐形成，秦汉时期带有领主色彩的统治集团朝着地主阶层演进，被统治者中则出现了以依附农为主体的劳动者。魏晋时期的坞堡成为最能反映封建关系的典型形式；在南北朝融合的过程中，游牧"胡人"从部落社会过渡到封建社会。到隋唐时期，封建关系及封建生产力更加成熟。受中国影响，东亚其他地区及东南亚也向封建社会发展，日本经历大化改新，从部民社会发展到封建社会。朝鲜半岛在学习中国的制度文化时，也走向封建社会。

从文明的角度看，这几个世纪的政权更迭，以及各民族的交融，是儒学文明经历的特别时期。汉胡融合后形成新儒学，儒家思想和文化广泛流传，中国成为东亚文明的中心。在地理意义上，儒学文明止于西域；但在文化意义上，儒学文明辐射到东亚、中亚和东南亚，以儒学为核心的文明圈大体形成。东亚封建制度和封建社会的形成是与文明圈的形成互为表里的，儒学文明的特征体现了封建制度这一普遍性中的特殊性。

在南亚次大陆，公元 3 世纪以后政治动荡，但封建生产关系逐渐成熟。4 世纪笈多王朝一度统一北印度，建立起强大的政治势力。5 世纪匈奴人攻灭贵霜帝国后南下北印度，使之分裂为若干小国，如梅特拉卡、穆里克、高达、后笈多、普西亚布蒂等。其中戒日王统治时期的普西亚布蒂一度成为霸主，但他死后国家就瓦解了。6 世纪之后，南印度有遮其娄王国与帕拉瓦王国争霸。从文化意义上看，征服与动荡的历史也是印度民族融合的过程，本土上层与外来的匈奴人、古吉罗人的上层融合成新的统治阶层，逐渐有了拉其普特人这一称谓。宗教上则是佛教渐渐走向衰落，婆罗门教衰落，印度教兴起。文化上的差异性也体现在封建制度形成的过程中，孔雀王朝的奴隶制走向解体，意味着北部印度从奴隶制向封建制度转型；入侵印度的原始部落则直接过渡到封建社会，其中有文字记载的"赐地铜板文书"揭示了以土地为中心形成的剥削与被剥削、统治与被统治的封建关系。不过，在封建融合过程中，带有更多原始部落特征的农村公社保留下来，成为印度社会中的重要特征。

在西亚，公元 3 世纪建立的波斯萨珊王朝，在随后的 4 个世纪中一直与东罗马帝国冲突不断。7世纪初东罗马皇帝希拉克略带兵击败波斯，一度攻占其首都泰西封。不过，萨珊王朝最终的掘墓人却是阿拉伯人（651）。当萨珊王朝在艰难抵抗来自游牧民族和拜占庭的双向打击时，阿拉伯半岛上兴起了一个新的宗教及政治势力。7世纪初穆罕默德在麦加传播新的宗教信仰，号召人们信仰真主安拉，信奉《古兰经》。622年，受迫害的穆罕默德从麦加迁徙到麦地那，在那里建立起宗教、政治、军事一体的组织，并多次击败半岛上的传统势力。630年，穆罕默德以武力夺取麦加。到632年穆罕默德去世，被称为伊斯兰教的宗教已成为阿拉伯半岛的唯一信仰。穆罕默德的继任者哈里发，以武力推动信仰的传播，在经历四哈里发时期、倭马亚王朝、阿拔斯王朝的不断征伐后，最终征服广大地域，包括阿拉伯半岛、两河流域、叙利亚、巴勒斯坦、埃及、突尼斯、西班牙、波斯、中亚七河地区等，形成了地跨亚欧非三大洲的庞大帝国，同时使伊斯兰教成为世界性的宗教。

阿拉伯帝国兴起与征服的过程，是不同社会形态共同走向封建社会的过程。阿拉伯半岛的贝都因人是直接从原始部落过渡到封建社会的，部落民演变为具有依附特征的农民。原先属于波斯和罗马控制的地区，则从奴隶制转变为封建制，原先的奴隶地位提高，转变为依附农。阿拉伯人的上层与被征服地区的上层融合，形成了新的封建统治阶级。信奉伊斯兰教的阿拉伯人强制被征服者改变信仰，甚至改变各民族的语言与文字，以求某种同一性；加之与各民族之间的通婚，逐渐达成了一定程度的融合。8世纪中期，穆斯林的扩张大体停止，至此，以伊斯兰教为核心的西亚－北非文明圈基本形成。

在欧洲，公元3世纪以后罗马帝国走向衰落，政治动荡，民众反抗，经济衰退。帝国所面临的危机，有高卢地区的巴高达运动，有北非的阿哥尼斯特运动等奴隶和平民的反抗，还有内部权力斗争导致的分裂。戴克里先为了加强统治采取四帝共治的方式，但事实上造成了帝国的分裂。330年，皇帝君士坦丁迁都君士坦丁堡，标志着东西罗马的分治。4世纪中后期开始，罗马帝国外部的诸多部族以各种方式进入帝国领土，其中匈奴是来自东方的游牧民族，374年匈奴与阿兰人的联盟击败黑海北岸的哥特人，迫使其向罗马帝国境内迁移，从而掀起了民族大迁徙浪潮，这股浪潮最终于476年摧毁了本已衰朽不堪的西罗马帝国。"蛮族"先后建立起一批王国，诸王国相互征战，最终完成了从部落酋邦到领地国家的转变。732年，加洛林家族的查理·马特率部击败来自西班牙的阿拉伯人，阻止了后者对欧洲腹地的入侵。751年加洛林王朝建立，到查理曼统治时基本完成对西欧的统一。

蛮族王国逐渐实现了基督教化。496年法兰克王国的克洛维带领民众皈依天主教。589年在国王雷卡雷德一世的主导下，西哥特王国抛弃阿里乌斯派改信天主教。597年罗马教廷派传教士前往英格兰，此后盎格鲁－撒克逊诸王国逐渐皈依天主教。从8世纪开始，莱茵河上游等地区的部族也皈依天主教。宗教传播与文明传播同步，同时也与各民族融合的过程相契合。民族融合既包括日耳曼民族与罗马帝国境内居民的融合，也包括日耳曼各部族之间的融合。融合还在法律上有所体现，随着基督教信仰的确立，蛮族世界原有的习惯法被以神命和神的意志为准则重新编纂，出现了《萨利克法典》《西哥特法典》《勃艮第法典》《伊尼法典》等具有蛮族名称却包含基督教精神的法律，并且由属人的习惯法演变为属地的成文法。

西罗马帝国灭亡后，东罗马继续存在与发展。这个以拜占庭闻名的帝国，在名义上是罗马帝国正统的延续，但它逐渐希腊化了。它有帝国之名，却不断丧失土地，沦落为一个以君士坦丁堡为中心的地方势力。它以基督教的正统信仰自居（称为"正教"），却只能将教会安置于皇权的羽翼之下。尽管如此，到公元 800 年前后，以基督教为核心的文明圈在欧洲形成，这个文明圈分东、西两部分，西部以罗马为中心，属天主教；东部以拜占庭为中心，属东正教。

罗马帝国瓦解后，西欧形成封建社会。当时，罗马帝国的奴隶制度陷入危机，意大利的农业、工商业日渐衰落，人口减少，奴隶来源枯竭，劳动力缺乏。与之相伴的是货币贬值，物价高涨，城市日益凋零。4 世纪的基督教化并没有拯救罗马帝国，民众道德沦丧，世风日下。与此同时，封建生产关系开始出现，奴隶地位有所提高，出现了隶农阶层，奴隶主则演变为拥有大地产且剥削依附农的封建领主阶层。在帝国外的日耳曼人那里，封建社会从原始部落直接过渡而来，原先的部落民因战争和债务等因素丧失自由，逐渐沦为依附农民，部落首领则演变为封建领主。封建社会的形成与基督教化相伴随，基督教这一要素也就成为西欧封建社会的特性所在。

总之，早期中古世界的历史就是亚欧大陆各地区走向封建化的历史。这一观察立足于马克思主义的封建主义理论，正是从这一理论出发，才能够呈现出中古早期世界历史的共性，能够体现这种共性的，正是封建社会的经济基础即农业生产力，以及地主与农民之间基于土地所有权之上的剥削与被剥削关系。四大文明圈，无论它们在政治制度、法律体系、宗教形态等上层建筑方面表现出多么大的差异性，在生产方式上却具有封建主义的共同性。它们多数处于封建社会的形成阶段，地主阶级和农民阶级都在形成中，大土地所有制与小农生产之间的对立成为最突出的矛盾。当然，在承认中古时期文明的共性时，也应该意识到："封建"的表现形式在各地区、各文明中是不同的，例如尽管土地所有权规范了地主和农民、统治者和被统治者之间的关系，但土地所有权在有的地方是"国有"的，在有的地方是私有的；在有的地方是领主统治农奴，在有的地方则是地主管辖自由农。社会结构亦有不同：印度的种姓制将人固定在职业上，西欧则形成封君－封臣的私人等级关系，东亚将人分为士农工商四个等级，都被置于国家这个大屋顶的覆盖下。因此，在将各地区的共性提炼出来的同时，也应凸显各文明圈的独特性，包括意识形态的不同、价值取向的不同、社会结构的不同、国家形态的不同等等。

第二节　中古世界的发展

大约 8 世纪中叶前后，各文明圈都已进入封建发展阶段，但发展并不平衡。

在东亚，8 世纪中叶唐王朝达到强盛的顶峰，安史之乱则使之开始走下坡路。唐朝灭亡后是分裂割据的五代十国；此后宋朝建立，再度实现统一，却因重文轻武，只能与西夏、辽国在政治版图上分立。1127 年北宋灭亡，金国占据中原，南宋偏安江南，形成了新的南北并立局面。13 世纪，蒙古兴起于漠北大草原，建立横跨亚欧大陆的大帝国。1271 年忽必烈建立元朝，1279 年灭南宋，结束了混乱局面，又一次实现统一。1368 年明王朝推翻蒙元统治，治理中国近 300 年，此后就再也没有分裂过。

在中国周边，7 世纪新罗统一朝鲜半岛，统治了两个多世纪；918 年高丽王朝建立，其统治虽有波动，却一直延续到 14 世纪。日本的封建统治，历经以天皇为中心的中央集权的飞鸟时代和平安时代，到 12 世纪末进入幕府集权时代，先后有镰仓幕府和室町幕府；15 世纪后期则开始了混乱的战国时代。

儒学是东亚各国的思想载体，虽然王朝不断更迭，但儒学思想始终没有断绝，儒学对于政权的辅佐作用更没有断绝。自汉代开始的独尊儒术，在随后的各朝各代成为常态。唐朝前期孔孟之学有所衰落，得韩愈、柳宗元之提倡有所复兴。至于两宋，形成了以程颐、程颢、朱熹为代表的理学，到了明代则更兴起阳明心学。儒学思想强调君臣父子的尊卑观念，主张尊尊亲亲的情感道德，也包含天人感应的自然哲理，甚至发展出王朝更替的五行五德说。这些观念在唐宋元明时期以及朝鲜和日本的政治中都有长期且清晰的表现，儒学观念指导下的国家社会治理也形成了一套制度体系。在此体系中，皇权是核心，皇帝即天子受万民膜拜；皇权之下由体系化的官僚队伍治理国家，在唐朝是三省六部，在宋朝是二府三司，在元朝是一省两院，在明朝是一阁六部。官僚机构虽有增减，但都是皇权的执行机构。中央之外的地方治理方式虽偶有分封制的出现，但郡县制实为主体。官员选择以科举取士，突破了传统的门第束缚，扩大了官僚集团的社会基础。官僚与皇帝之间互为依靠却也存在张力，例如相权与皇权的争夺是中国政治制度史上的景观之一，直到宋以后才有所减弱。官僚制度也是对皇权的制约，外戚、宦官等既是皇权的帮手，也是权力的竞争者。外儒内法的统治方式凸显了东方政治的特色，法律上形成了律（敕）、令、格、式等律条，比如唐代的《贞观律》《开元律》，宋代的《宋刑统》等。这类法律在理论和实践上都贯穿着儒学的思想观念，如强调法律必须与德、礼、仁、孝等配合，主张德主刑辅、礼刑并用，法治的根本是仁治等。

在经济领域，儒学主张重农安民。唐朝实行均田制，国家将土地授予农民以换取他们缴纳租庸调等赋税的义务，使劳动者有了安居乐业的可能，也提高了劳动积极性。宋朝虽然不抑制土地兼并，因而土地买卖盛行，土地私有化程度高，却也形成了真正的地主与农民相互依存的经济关系。蒙元时期土地分为官田和民田两类，前者为国有，后者为私有，并且，土地制度及其经营情况在南北各异，北方以大地产的依附农民经营为主，南方则是小地主及佃户的小规模租佃经营。明朝以鱼鳞册来厘清臣民的土地占有情况，以赋役黄册来区分民、军、匠等居民的户籍，并以里甲制来协助土地赋役的完成；万历年间"一条鞭法"将各种赋税统一。中国的社会经济制度渐次为日本、朝鲜等国家所借用，隋唐时期，日本多次派遣使节到中国学习文化和制度，645年日本发生了著名的大化改新，采用了唐朝的均田制和三省六部制来管理国家。朝鲜也一直以儒学文化为核心，在国家治理上推行中原王朝的官僚制度和土地制度，接受君臣父子观念。

在制度之外，儒学文明圈的民众信奉和实践儒学思想，以礼、仁、孝、义为指导，形成一个儒学的共同"天下"。在"修齐治平"观念引导下，士大夫教化民众发展民生，农民和工商业者分别从事农业和工商活动。春秋时期管仲就有士农工商的四民分业说，反映了社会等级结构的存在。日本也逐渐形成了四民结构，武士是作战者和道德标示者，其下有农民、渔民、手工业者和商民。朝鲜也形成了自己的等级结构。

这样的等级结构既有维系社会稳定之功效，也有推动生产发展及文化繁荣之效果。在各朝代的和平时期，国家人口都会大量增加，土地使用也会扩大，随之而来的是劳动产出的增长。唐代天宝年间（8世纪中叶）有户890余万，人口5290余万，田亩1.43亿。到两宋时期经济发展水平居当时世界之首，农业精耕细作，产量提高；制瓷、矿冶、雕版印刷、丝绸纺织等手工业都达到极高的水平。商业迅速发展，各种草市墟市大量出现，成为地方交易中心。随着商业发展，货币需求也急剧增加，并发行世界上最早的纸币"交子"。北宋都城开封和南宋都城临安人口都超过百万，店铺林立，繁华非常。文化方面，唐宋时期高度繁荣，唐朝吸收各民族的文化养分，创作出大气磅礴的文化作品，其诗歌为中国诗歌之巅，出现了李白、杜甫、白居易等伟大诗人。宋朝词曲另造文化之高峰，既可婉约也能豪放，在美学上有特别的价值。而理学之兴起，使儒学发展到一个新阶段。

中国以外，日本经过几个世纪的吸收和学习，在奈良、平安时期逐渐从唐风明显的文化走向具有自身特色的大和文化，尤其是在吸收和学习汉字的基础上发明了平假名和片假名，创造了日本书写文字。朝鲜也创造出自己的书写文字。这些成就自然是文明本身发展的结果，更与儒学文明中商人阶层的兴起有直接的关联。商人力量的加强以及商业的繁荣，都证明商业处于一个关键发展期。

在南亚，8世纪之后的印度仍表现为小国林立、割据争雄的局面，先后有古吉拉－普拉蒂哈拉王国、巴拉王国和拉喜特拉库特王国三国争霸，长达数世纪。11、12世纪，北印度遭到突厥人的不断攻掠，逐渐丧失领土与权威。10世纪起，南印度有朱罗王国崛起，曾一度进占恒河流域，维持统治数个世纪。从13世纪开始，先后出现了以德里为中心的5个苏丹王朝，史称德里苏丹国，它们统治北印度达3个多世纪。中古印度的政体大体上为君主制，王位世袭，由长子继承，国王操控军事、行政、司法等大权，臣僚由国王任免。君主的绝对权威乃至神性得到宗教的认可，君主被看作梵天大神指定的仆人。在地方治理方面，一些王国形成了行政分级管理，如朱罗王国的行政结构分为曼达罗、科丹、那多三个层次，各级行政区既有长官，也有民众组成的会议，共同实行对地区的治理。朱罗王国还有比较完整的税收机制，由收税官丈量每一个村庄的土地，登记纳税人名单，进行收税。因为战争频繁，印度军队配置完整，大体上有步、马、车、象等兵种。中古印度并无成文法，所谓的法典多是私人性质的著述，包括神话传说、习惯法汇编、种姓行为规范等。司法诉讼中往往带有神判的特征，有水、火、秤、毒等神判法。德里苏丹国的政治统治则有伊斯兰宗教的突出特征。

　　如果说印度各地的政治统治缺乏系统性和统一性的话，那么印度社会则表现出基于宗教信仰和文化传统而形成的一致性。在王朝和国家更替的过程中，印度的宗教信仰也在发生变化，佛教走向衰落，印度教兴起，这是一种在婆罗门教基础上吸收了多种要素的经过改良的宗教；与此同时，外族入侵带来了伊斯兰教，在北印度产生了巨大影响。种姓制度在封建时代仍然顽固存在，不过发生了变化，瓦尔那逐渐为阇提所取代，并且，从四种姓中演绎出以职业为特点的众多种姓。种姓制度的等级性和排他性，在职业、婚姻以及生活习惯上都有更清晰的体现。在南部印度，农村公社往往是不同规模的居民点的联合体，也是国家行政机构中的一级，即那多。那多村社带有自治特征，由那多首领管理。村社村民在一定程度上也与国家有关联，要缴纳数额不等的赋税。随着村社规模的缩减，尤其是村社农民被封建领主控制，村社的公有特征逐渐演化为私有属性。

在西亚、北非及中亚地区，阿拉伯帝国的阿拔斯王朝统治了500余年，早期一直没有停止征伐和传播信仰，后期因中央权威削弱，地方上兴起众多独立或半独立的政治势力。而伊斯兰文明圈的发展并没有因疆域版图的变迁而跌宕起伏，事实上，在9—10世纪的扩张中，伊斯兰教已经从两河流域扩展到东部的呼罗珊、河中以及七河地区。1055年塞尔柱突厥人接受了苏丹称号，此后占领高加索、小亚细亚、叙利亚、巴勒斯坦等地，成为塞尔柱帝国。东部地方势力对印度的征伐持续不断，最后于13世纪在印度北部建立起伊斯兰教的苏丹国，即德里苏丹国。这样，南亚次大陆北部就被纳入伊斯兰文明圈的地理范围内。此外，还有撒哈拉沙漠以南的部分地区接受了伊斯兰教，因此该文明圈的范围就变得更广大，从东部的帕米尔高原、南亚次大陆，到北边的中亚草原和沙漠、西边的伊比利亚半岛，以及南面的撒哈拉以南地区。

宗教问题一直是伊斯兰世界的历史主题，教义及权力纷争主要表现为逊尼派与什叶派之间的斗争。除此以外，还有哈瓦立及派（即出走派）、苏菲派、伊玛目派、以斯玛伊派等多种派别。宗教信仰和派别之争最终作用到伊斯兰世界的各个方面，表现在政治、法律、赋税、军队等制度体系中。政治上形成政教合一的神权统治，伊斯兰教是国教，最高宗教领袖哈里发同时也是世俗政权的首领，执掌国家权力。在哈里发之下，有以宰相维齐为首的内阁行政体系，此外还有相当完备的税收、司法和军事等制度。财政部向穆斯林及非穆斯林征收不同额度的税收，前者缴纳天课（收入的 2.5%），后者缴纳人头税和土地税。阿拔斯王朝时期，司法部门逐渐独立，国家任命专职法官卡迪主持司法审判，沙里亚法典，即安拉降示的神圣命令的总和是一切法律的基础。地方则由委派的行政和军事长官负责治理，这些地方官吏往往会坐大而难以为国家所控制。为加强控制，阿拉伯国家设立驿传部，负责国家公文的传递，以及各地情报的侦查、各省官吏行为的监督报告等。尽管如此，许多被征服地区并未能真正融入阿拉伯文化中，如一些波斯家族在新的国家权力里逐渐取得优势，甚至影响到了统治的形态和性质。一些委派在外的官员寻机坐大，成为地方上半独立乃至独立的力量，以至于后来在阿拉伯世界里，埃米尔、苏丹之类的术语成了地方君主的代名词。

由宗教信仰带来的统一性，并不能遮盖阿拉伯封建社会的复杂性。按照 13 世纪穆斯林理论家纳西雷丁·图西的说法，信徒们大体上可以分为持笔者、佩剑者、居间者和工作者四个等级。这是印欧文化中祈祷者、作战者和劳作者三功能结构的变体。以哈里发为首的宗教人士是祈祷者，以刀剑来战斗的武士是作战者，普通信徒中的农民、牧民以及商人都是劳作者。等级社会结构在伊斯兰教的精神贯穿下，成为社会稳定的基石。用阶级关系来理解，则以哈里发为首的各级教俗贵族，都属于封建国家中的统治者，与之对立的则是被统治的劳动者阶级。在伊斯兰世界，土地分为神圣土地、私人土地以及国家土地几种类型，其中，国家土地分封给法官、各省总督、封建主及战士，此制度被称为伊克塔。该制度将土地所有者与劳动者这一对立关系紧密结合在一起。

伊斯兰文明圈地域辽阔，地理环境差异明显，既有沙漠绿洲，也有高山大海，从而形成了丰富多样的文化经济形态，这也是阿拉伯世界封建关系差异性的体现。叙利亚、埃及、两河流域、伊朗等地的封建关系成熟度较高，农业发达，物产丰富，工商业发展程度高。阿拉伯半岛、中亚及北非、突尼斯等地的封建关系由游牧社会直接过渡而来，生产力水平较低，以游牧业及畜牧产品为主导。经济的多样性在商业贸易的推动下，能够达到互通有无。阿拉伯国家掌握着地中海东部、南部和西部海岸，红海和波斯湾以及阿拉伯海北部，由此而促进了海上贸易的发展。阿拔斯王朝的首都巴格达是当时世界性的大都会，城市设计精巧，建筑技术高超，人口达百万，既是政治中心，也是工商业城市。

文化上，阿拉伯世界因继承和翻译了希腊罗马的学术成果，而在9—10世纪之后形成了独具特色的文化形态，在文学、史学、哲学、医学、天文、数学、建筑等方面都取得了极大成就。文学上出现了许多杰出的诗人和诗歌，散文则以《一千零一夜》最著名。史学上，有泰伯里的《历代先知与帝王史》、马苏第的《黄金草原》、伊本·赫勒敦的《历史绪论》等。哲学上有伊本·西纳（又称阿维森纳）、伊本·巴哲（又称阿维帕格）、伊本·鲁世德（又称阿维罗伊）等大家，都做出了突出的贡献。阿拉伯人吸收了来自印度的数学成果，形成了后人称为"阿拉伯数字"的计数符号。当时的医学相当发达，在长期实践中丰富了古典医学的理论体系。拉齐的著作《曼苏尔医书》《医学集成》《天花和麻疹》等，都被翻译成拉丁文，是医学经典。阿维森纳不仅是哲学家，而且精通医学，其著作《医典》全面总结了穆斯林学者的医学实践成果，代表了伊斯兰世界在医学领域的最高成就。

在欧洲，存在着众多大小不一的基督教国家和政治体，既有拜占庭这样的帝国，也有法国、英国这样的王国，更有地方意义上的诸侯领地，以及名不副实的神圣罗马帝国。这些政治体同样经历着王朝家族的更替，但文明圈本身并没有受到政治变迁的太多影响，而是持续表现为以基督教为主导的文明特征，其地理覆盖范围也在不断扩大。9—10世纪以后，斯拉夫民族逐渐融入基督教文明圈。864年保加利亚皈依基督教，988—989年基辅罗斯皈依基督教。与此同时，北欧的诺曼人也逐渐皈依基督教：

约 960 年丹麦的蓝牙哈罗德皈依，约 976 年波兰皈依，995 年挪威皈依。1096 年以后，西欧基督徒多次发动针对中东伊斯兰世界的十字军战争，将宗教触角伸向地中海东岸。1215 年，教皇英诺森三世召开世界性宗教大会，这次拉特兰会议有数千名主教和修道院院长来参加，教皇本人被称为万王之王、万主之主，整个基督教世界都匍匐在教皇脚下。至此，一个被称为基督教王国（Christendom）的文明圈形成了，其地域北至斯堪的纳维亚半岛，南至地中海，东到东斯拉夫地区，西至大西洋。

在文明圈内部，宗教信仰覆盖到几乎每一个角落，除极少数犹太人以外，民众都是基督徒。虽然还存在着天主教和东正教的紧张关系，也有各种偏离了正统信仰的异端，如阿尔比教派等，但争执和冲突并没有破坏其统一性。基督教信仰事实上渗透到政治、经济、社会以及文化生活诸范畴，当然宗教信仰之于日常生活的作用，并不能代替世俗生活本身，宗教与世俗之间的张力无处不在。

政治范畴内，世俗统治在各国逐渐体系化，国王或者皇帝为国家的世俗统治者，实行君主制。在东部，拜占庭皇帝的权威至高无上，但宗教仍然是不可忽视的存在，有所谓"一个宗教，一个帝国"之说。在西部，君主的权威受到教会的抑制，国王即位要由教皇或者主教涂油加冕，教会人士担任国家顾问及其他各种职务，国家权力的神圣性得到加强。但国家与教会尤其是罗马教廷权力对抗，形成权力的二元特性。为了主教叙任权的归属问题，神圣罗马帝国皇帝亨利四世与教皇格里高利七世之间曾发生剧烈冲突，教皇甚至宣布废黜皇帝的帝位，以至于皇帝不得不于1077年1月到卡诺莎城堡向教皇忏悔。

西欧封建制度被视为"典型的"封建制度，因此现代教科书经常以西欧这种制度来衡量其他地区。封君封臣关系的存在，尤其是封土制度的实行，造成了事实上的分裂割据。在英法德等国家和地区，存在着大大小小的独立、半独立的贵族势力。在法国，诺曼底公爵领、阿奎丹公爵领、佛兰德尔伯爵领、香槟伯爵领、安茹伯爵领等贵族领地，领土和权势都凌驾于卡佩王室之上。德意志的诸侯领地，大者有萨克森公爵领、法兰克尼亚公爵领、施瓦本公爵领、巴伐利亚公爵领等，这些领主而非皇帝才是德意志真正的主人。国家权力与世俗贵族之间的矛盾，形成权力分割的局面，王权受到贵族力量的抗衡。1215年英国贵族发动叛乱，迫使约翰王签署了带有限制君权意义的《大宪章》。在行政事务管理中，君主往往邀请教俗贵族组成临时的议事会，这种会议逐渐制度化，成为中世纪贵族们的参议机构。1295年英国召开"模范议会"，1302年法国召开第一次三级会议。但从国家的层面看，制度虽在，效果并不理想。

社会经济范畴，宗教支配的基督教社会仍然体现出世俗的等级特征，在理论和实际中形成了三等级结构，即教士、骑士和农民。教士是祈祷者，为信徒们的灵魂祈祷；贵族骑士是作战者，为基督教和信仰而战；农民是劳动者，为社会提供物质支持。三等级结构成为基督教社会得以稳定存在的重要支撑。从封建关系来看，无论教会贵族与世俗贵族之间有怎样的紧张关系，都不能否认他们作为统治者及封建领主的事实。封建土地关系还作用到普通劳动者，因为无论封土如何流转，最终耕种土地的都是农奴和少量自由农民。庄园制度是中世纪欧洲领主农业的典型经营方式，农民从领主的庄园获取份地，向领主缴纳劳役或者实物地租。由此，狭义的封建关系在庄园制度上与广义的封建关系有了一定的重合。基督教的经济伦理在大众日常生活中也随处可见，尤其是道义经济伦理及公平价格观念，在事实上作用于当时的经济生活。在行会中，各类规章制度都反对竞争，希望维持小手工业者的生存环境。教会关于婚姻的主张，如一夫一妻制和双方同意原则，不仅使婚姻纳入教会法律的管辖范畴里，而且在基督教文明中形成了一种独特的婚姻状态。

在欧洲封建社会，虽有封建领主之间无穷的争斗，以及教俗权力之间的剧烈争夺，但从公元 1000 年到 1300 年的数百年间，欧洲大局相对稳定，并无大规模的战乱和灾变。因此，社会经济得到稳定的发展与增长。在农业上，各地区经历了长时间的垦殖，土地耕种面积增加。11 世纪末英国"末日审判书"时期的土地面积，与 19 世纪的土地面积大体持平；农业技术也有提高，以三田制、重犁、马耕等为代表的农业革命的出现，提高了谷物产量。早期的产出播种比大体上是 2∶1，到 1200 年增加到 4∶1、5∶1甚至更高。人口也随之增加，公元 650 年左右，欧洲总人口约1800 万；到 1000 年，则有约 3850 万；1340 年约有人口 7350 万。

工商业也有较快的发展。12世纪西欧各地城市复兴，出现了诸如巴黎、伦敦等人口在5万以上的大城市。君士坦丁堡在欧洲城市中独一无二，其人口一般维持在数十万，最多时高达百万。手工业门类众多，纺织业、制造业、矿业、建筑业等形成了行会组织。文化艺术方面，以基督教为核心内容的特征在一切艺术形式上都有体现，教堂从罗马式走向哥特式，高耸的尖顶和繁复的玻璃彩绘，都在以物化的形式表达对神的信念。日耳曼及北欧蛮族的多神信仰，在文学中也由野蛮的神话逐渐演化为上帝意志的体现，被游吟诗人诵唱的骑士也在勇武之外展现出作为上帝的骑士的虔诚。

第三节 相互交往与商旅

中世纪是由地域性文明向文明圈发展的时期，各文明圈形成之后又经历了不同方式、不同程度的发展。这种发展重在加强内部的整体特征或同质性，它既表现为各个文明圈所取得的成就，也造成了与外部文明圈的某种程度的分离。但同时，各文明圈之间的交往从未停止，并且有日渐加强之势。因此各大文明圈的发展，既以地理空间或者说疆域为界限，又超越了疆域。疆域的变迁，往往与王朝的更迭直接相关，但文明圈大体上不因王朝更迭而发生根本性的断裂和变化。文明圈呈现的一致性（无论是在语言、信仰还是习惯上）并不能消除其内部的复杂性和多样性，但多样性和复杂性又总合于一致性之中，这是文明圈发展的辩证法。为了维持文明圈内部的稳定，加强其内在凝聚力，各文明圈也采取过较为剧烈乃至极端的措施，如基督教对异端及女巫的镇压，8—9世纪东罗马的破坏圣像运动，12世纪镇压法国南部的阿尔比教派，14世纪镇压英国的罗拉德教派，迫害犹太人，镇压农村和城市中的反叛者，等等。伊斯兰教对于异端也多采取镇压手段，如镇压什叶派和民众的反抗等。东亚国家多次发生对某些宗教的迫害，还有历朝对农民起义的镇压。这些事例充分说明，文明圈内部也充满着利益的较量和博弈，乃至斗争。

各文明圈内部的统一性的获得，主要还是依赖于时刻都在产生或者发生着的各种内部交往。在东亚文明圈，既有汉民族内部的交往，也有与汉以外民族的交往。各地经济特征差异明显，于是就有贸易往来的必要。秦汉以来，中国已经书同文、车同轨，这是内部交通便利的基础。黄河、长江是天然水系，京杭大运河则由人工开凿，这些都为东西南北的交往提供了水路便利。马帮、骆驼帮、盐帮、茶商等南来北往，发挥着经济交往的功能与作用。士大夫阶层出仕和游学，则属于文人特征的交往。从7世纪初到9世纪末，日本共派出遣唐使团19次，其中的阿倍仲麻吕、吉备真备等人都是日本政治文化史上的著名人物。遣唐使在中日文化交流中产生的影响是巨大的，对于促成儒学文明圈的形成发挥了积极作用。鉴真和尚6次东渡，终于弘法日本，不仅带去了佛法，而且带去了中国的精神文化和物质文化。宋代以后，各代朝廷允许外国使节在朝贡的前提下进行一定的商贸活动，这就是朝贡贸易，是政治与经济交往的结合。中原国家与草原部落之间的榷市贸易，也属于商业和政治结合的交往方式。还有商人和海盗双重身份的商业交往，例如中国、朝鲜等国沿海的倭寇的活动。

阿拉伯帝国疆域广大，各地的文化和物产差异显著，从而使相互之间的交通往来及互通有无非常必要。埃及、叙利亚以及两河流域的粮食，中亚的畜产品，印度的香料等等，会通过远达四方的道路交通网络运往帝国各地。在朝圣、经商、旅行等过程中，各类人员不断往来，使内部交往密切频繁。从东南亚到印度再到地中海的香料商路，不仅仅是商路，也是文明交往之路。阿拉伯旅行者花拉子密曾编写《地形》一书，还组织绘制了一张世界地图。地理学家兼历史学家马苏第到世界各地旅行，他把所到各国的历史地理资料编成 30 册的巨著《黄金草原》，是当时的一部地理学百科全书。

基督教世界中同样存在地区差异，交往也非常必要。政治性质的交往，主要表现为各政治体派遣使者出使，如拜占庭皇帝派遣使者前往法兰克王国查理曼的宫廷，神圣罗马帝国奥托一世皇帝派遣使者出使拜占庭。宗教性的交往，则有信徒们的朝圣，以及传教士们的传道；中世纪诸多圣地都吸引着朝圣者，朝圣甚至发展为一种经济。各种规模的商业交往，则有地方集市及超越地方的商品交易会，比如法国的香槟集市。城市间的商业往来刺激了商会等商业组织的出现。意大利的威尼斯等城市是地中海商业的掌控者，德意志的汉萨同盟则掌控北海地区的贸易。在北欧与东南欧之间还有著名的琥珀商路，构成了商业交往的重要渠道，可贯通北海、波罗的海与黑海、地中海。在合法的商业之外，还有海盗式的商业交流，如维京人的航海活动就兼有商业和抢劫的性质。

在中古时代的外壳里，商业在各文明圈内发展，形成日益繁忙的贸易网络。得益于如此发达的贸易网络，日后伊比利亚人才得以有条件进入海洋，开拓世界性的商贸体系。所谓的"地理大发现"，只是把原有的商业网络连成一片而已。

第四节　封建主义的衰退

中古晚期是封建主义走向衰退的时期。尽管各地区进入晚期的时间点并不一致，但各大文明圈所经历的数个世纪的巨变与动荡都是衰退的标志。各文明圈在危机与机遇中发生变化，并在日渐增加的交往中逐渐走向整合。

在东亚，宋以后的中国遭蒙元征服，这一过程也是民族融合的过程。蒙古将当时的民众分为四等：蒙古人、色目人、汉人和南人，他们在政治、法律及社会生活上各自受到不同待遇。蒙古统治造成了社会经济和文化艺术的衰退，宋金时期人口合计 7600

万，蒙古统治时期减少至5900万。不过，元朝统治者提倡儒学，以汉法治理中原，虽未真正消除民族和文化上的隔阂，但总体上仍传续了儒学文化和文明。14世纪中期农民起义推翻蒙古统治，建立明王朝；明朝经历了200多年的和平时期，进一步确立了儒学的绝对地位。在经济政策方面，明朝重农抑商，但重农而农损，抑商而商兴。明王朝禁止海外贸易，却并没有真正阻止各种形式的商业贸易。15世纪初郑和七下西洋，最远到达今非洲东部。在明王朝与日本以及东南亚之间的大海上，存在着规模不等的亦商亦盗的海寇，即倭寇，他们以民间的方式保持着文明圈内部的商业往来。1567年明政府重开海禁，允许私人到海外贸易。到明朝末期，社会经济又发展到新的高度，万历时人口有5600余万，耕地11.6亿亩，可以说基本恢复到宋金水平。不过，农民起义及随后的清军入关使中国又一次遭受严重打击，社会发展再次被延宕。清代的统治者虽然延续儒学传统，但其异族的身份始终是个障碍，导致意识形态日益僵化，儒学更加八股化，皇权也更加专断。这些都是衰落的迹象。

东亚其他地方也经历了类似的变化和动荡。日本在平安时代之后迎来了镰仓幕府和室町幕府时期，之后，统治阶级内部的权力斗争引发了各种叛乱和大名之间的长期混战，被称为战国时期。农民起义也不断发生，在1428—1499年间共有60余次。混乱结束后日本进入江户时代，德川幕府实行封关锁国的内化统治，一方面维护了内部的稳定，另一方面却切断了日本与外部的联系。在朝鲜半岛，1258 年高丽王国臣服蒙古，成为蒙古的一个行省。蒙元在中国的失败给高丽人民以机会，1392 年重新建国，是为李朝。李朝实行科田制，文武两班按等级分受土地，加强了中央对土地的控制。在科田之外还有大量由农民占有和耕种的土地，农民向国家纳租贡、服徭役。这种制度经久之后最终被土地兼并所破坏，农民丧失土地流亡他乡的情况极其普遍，由此也激起了农民的反抗；反抗在 15、16 世纪不断发生，冲击了统治秩序。东亚文明圈的另一个重要地区越南，在中古晚期也出现了李朝、陈朝、胡朝以及后黎朝的相继更迭，政治方面屡屡动荡。同时，它和中原王朝的关系也是时分时合。不过，越南一直是儒学传统支配下的一个国家，在治理方式上袭用中原官职和田制，使用汉字，提倡儒学。

在南亚，来自中亚的异族人如突厥人、阿富汗人等大约在 10世纪就侵占了印度北端，将其置于中亚政权的统治下，如伽色尼王朝、古尔王朝等。这些人不仅带来了异族的统治，而且带来了伊斯兰教。这以后，伊斯兰教就在信奉印度教的南亚次大陆开始扎根。13 世纪开始，以德里为中心先后出现了五个苏丹国，统称"德里苏丹国"，统治长达 300 多年。这些苏丹国都以伊斯兰教为正统，统治着占人口多数的印度教徒。北印度和次大陆其他地区相比发生了变化，在人种和宗教方面都有所不同。16 世纪初，有蒙古血统的帖木儿帝国后裔巴布尔率领一支多民族军队进攻印度，消灭了德里苏丹国，建立莫卧儿王朝，这也是一个由信奉伊斯兰教的异族建立的帝国，帝国统治者以伊斯兰教为正教，说波斯语，统一了全印度。这以后，印度的统治者和被统治者之间就由不同的宗教信仰分开了，文明圈内部形成严重的裂痕。这道裂痕加上种姓裂痕、地区裂痕、语言裂痕等等，使南亚次大陆在面临西方海上力量的冲击时无法应对。印度是分裂的，帝国渐渐形同虚设，土邦王公是真正的统治者，这样，就决定了印度在近代早期被西方国家殖民化的命运。

在西亚北非，阿拉伯帝国在 10 世纪就走向分裂，形成了大小不等的地区割据势力。1258 年阿拔斯王朝被蒙古人所灭，分裂的局面就更为凸显。14 世纪末，中亚的帖木儿帝国与西亚的奥斯曼国家从东西两面瓜分其原有领土；埃及则由马木留克王朝统治了数百年。分裂意味着帝国控制力削弱，但从宗教角度看，伊斯兰文明圈的控制力并未削弱。15 世纪中期开始，奥斯曼帝国成为地中海东部的主宰者，在随后数百年间成为伊斯兰文明圈的新中心。随着奥斯曼帝国无休无止的领土扩张，不同种族和不同信仰的人逐渐混杂相处，如一位旅行者所言："在土耳其所有的城市里，每周有三种休息日：土耳其人逢周五休息，犹太人逢周六休息，基督徒则在主日休息。"奥斯曼帝国强盛时侵入欧洲，占领了大片土地，使得伊斯兰文明和基督教文明进入更为直接的对抗，对两种文明都产生了深刻影响。同时，奥斯曼帝国成为民族众多的政治体，其内部的民族矛盾日益激化，预示着它最终的解体。

在欧洲，中古晚期灾变连连。王朝统治方面，1328 年法国瓦罗瓦王朝取代卡佩王朝，随后英法之间因王位继承问题发生百年大战（1337—1453）。1356 年神圣罗马帝国颁布《黄金诏书》，帝位由七大选侯选举产生，标志着皇权的极度衰落。1399 年英国金雀花王朝终结，1455 年爆发长达三十年的内战，史称玫瑰战争。1453 年君士坦丁堡被奥斯曼攻占，存续千年的东罗马帝国灭亡。在社会方面，1348 年，黑死病导致 2000 多万人死亡，占当时西欧人口的三分之一以上。1358 年法国发生扎克雷起义，1381 年英国发生瓦特·泰勒起义，都是在西欧少见的农民起义。社会结构的变化更具有革命性，传统的军事贵族阶层在政治经济领域遭受巨大危机逐渐退出历史舞台，一批起源于中间阶层的新贵族跻身于政治和社会领域，组合成新的统治集团。在这些人的帮助下，王权壮大，逐渐收复被土地分封制所分散的国家权力，由此而培育出一种新的政治体制即专制王权。后来，欧洲就是在这种权力的保护下最终走出中世纪而进入近代，开创了一个历史的新纪元。在经济方面，农民的人身依附地位随着庄园制度的瓦解而逐渐改变，形成了具有自由特征的租地农民阶层。商人阶层的兴起代表着新的力量，商人所具有的流动性和逐利性成为封建社会走向解体的初始推动力。重商主义广为流行，商业资本最终使传统社会走向解体，这当然是一个漫长的过程。在文化方面，可以看到新与旧两极的对抗和交融，既存在传统的、颇具封建色彩的文化，也出现了带有新时代特征的文艺复兴运动。宗教方面，各种异端不断涌现，有 14、15 世纪英国的威克里夫和罗拉德派，15 世纪捷克的胡斯派，等等。异端虽然被罗马教廷镇压了，其影响却并未消除。1517 年马丁·路德发表《九十五条论纲》，点燃了宗教改革的烈火，天主教的权威随之动摇。

　　总之，在中古晚期，各文明圈都遭遇危机，可将其理解为封建主义的没落，以及向新社会的过渡。然而只是在西欧，在基督教文明圈的西部地区产生出新的社会经济形态并最终成长起来，发展为资本主义；其他文明地区却仍然在各自历史的轨道上惯性运行，错过了历史的先机。明代晚期出现过向资本主义过渡的可能性，但最终未能实现。奥斯曼帝国和莫卧儿帝国都没有出现社会结构的根本改变；虽说在那个时候，奥斯曼帝国几乎在各个方面都远超西欧。西欧受社会内部变化冲力的驱使，以及资本主义逐利精神的指引，在 15 世纪初走向海洋，开启了改变世界的大航海运动。随着大航海运动的开展，中古的历史结束了，文明圈之间的障碍被冲破，世界历史在纵的方面走向资本主义，在横的方面突破了地域与文明的隔阂，向全球整合迈进。

第四章

近代早期的世界

　　近代早期的世界，始于资本主义在西欧登上历史舞台，也始于 15、16 世纪东西方之间、新旧大陆之间跨越海洋的新航路开辟。从历史的纵向发展看，是封建时代自给自足的农业经济向资本主义商品经济的过渡；从历史的横向发展看，是各文明圈之间突破了相对闭塞、隔绝的状态，从分散走向整体，各地区之间的联系加强。随着经济文化交流急剧扩大，人们的相互交融和相互影响也日益增加，历史逐渐向世界历史迈进。这个时期最值得注意的是欧洲的崛起，西欧进入资本主义早期阶段即重商主义时期，在政治、经济、文化等方面摆脱封建束缚，开始了向现代社会的转型。而同一时期，世界其他地区仍在自身传统轨道上运行，展现着各自文明的特点与辉煌，多元文明的格局依然明显。东方几大文明圈的优势依旧存在，西欧则开始了它的追赶过程；在这个过程中，西欧出现的早期民族国家开启了西方几百年的扩张活动，渐次构筑起世界殖民体系。随着殖民体系的逐步构建，世界整体格局的变化拉开了序幕。

第一节　资本主义制度的兴起

近代早期历史发展的一个标志是资本主义早期形态出现。早期资本主义的特征是商业资本主义，这是一种财富积累的方式，即通过运用特殊的商品资本进行财富增值的方法。在中世纪晚期，意大利的商人就有了明确的资本概念，凭借丰富的经商知识和地理上的便利，他们成了近东奢侈品贸易的中间商和西北欧原料的经营商，地中海贸易给他们提供了机会，他们采用合股办公司的办法来扩大贸易。15 世纪，新的手工业生产方式——以生产商品为目的的工场手工业出现了。城市富商为了增加商品量直接参与到生产领域，成为向手工业者供应原料的"包买商"。到15 世纪下半期，包买商和工场主相辅相成，形成了早期的资产阶级；而手工业的从业者则成为雇佣工人。商品生产和市场经济在意大利、尼德兰、德意志、法国等地得到发展。

资本和资本主义具有不同的含义。资本就是生产资料和货币，是一种财富积累的方式，是一种特殊的商品，用它可以进行价值增值。资本主义则是一种经济制度，其基础是私有财产所有制，要求用资本和理性的方法，通过商品的生产与市场交换来取得更多的财富。资本主义和市场经济是紧密联系的，如果仅有巨大的财富而不进行商品生产，就不是资本主义。

资本主义生产代替行会生产的原因是它能提高经济效益。资本主义生产方式首先在银行业，然后在商业和矿业，最后在农业中得到普及。新的制度给私人公司的发展提供了条件，即技术进步和经营资本；资本主义生产方式被证明是一种能迅速带来财富的生产方式，在资本主义生产方式兴起以前，财富主要是靠开发自然资源获得的，而资本主义生产方式则更加注重开发社会资源并通过对其进行资本运作来增加效益。只有少数人能够拥有财富、知识和权力，这使得富人们能够跻身上层社会。在那时，人们已经能看到，资本主义生产方式是为富人阶层服务的，是以牺牲穷人的利益为其发展代价的。

近代的公司组织开始取代家庭企业而成为一种新兴的私有企业组织。商人们为了远距离经商，结成了股份公司。这种组织与家庭企业相比有两个特点。第一个特点是，公司作为一个法人，可以签订契约，拥有财产。公司以资本为基础，利润和风险都根据投资的多少进行均摊，减少了个人承担的风险。有的公司还发行股票，这使公司可以吸收远超几个投资者的大量资金，这类公司在集资方面就拥有优势。股份制还把商业活动的风险摊到了每个股东身上，由于资本是集资而来的，所以经营活动不会因为某个企业主或家庭成员的去世而终止。在以后的几个世纪中，这种公司制度被证明是最有发展前途的，在现代欧美，最大的和最重要的私有企业都采用公司制。当然，公司的出现以及从无限责任制到有限责任制的转变经过了长期的发展过程，非一日一月之功。

另一个特点是公司的所有者与管理者分离。公司股份的拥有者称董事，但除了大股东，一般股东对公司事务并没有发言权。公司日常运作是由管理者承担的，出现了专业管理阶层。公司领导人甚至开始插手国家政治。

资本主义的经营方式并不局限于商业，在工业生产中也被应用，例如在佛兰德和意大利的纺织业、威尼斯的造船业和英国的呢绒业中，都存在公司制度。资本主义生产与中古时期的手工业生产的不同之处是它的规模经济。在农业占主导地位的中古时期，工业产品是由个体工匠在家中生产的，农村工匠往往既做工又务农，自己生产农具和衣服。当城市工商业发展后，家庭和农村手工业并没有瓦解，例如意大利和佛兰德的商人们把原料发给住在家里的人，然后根据生产件数计付报酬。这样，经营者和生产者之间并不见面，效率也低下。而资本主义生产方式要求生产工场化、集中化，这为提高生产的效率奠定了基础。

印刷业较早成为资本主义性质的行业，原因是印刷业属于新兴企业，行会的束缚不那么厉害；同时，建立印刷厂需要大量资金，而且所需原料也比较复杂，工种要求也较高；印刷业还与市场需要密切联系，威尼斯和塞维利亚的印刷业主必须注意莱比锡每年春天的图书贸易会，尽管二者相隔半个欧洲的距离。资本的投入、生产的组织、生产的标准化以及市场状况，都使印刷业较早成为资本主义性质的新兴行业。

　　其他重要的行业还有纺织业、矿业和造船业。与印刷业不同，纺织业属于传统工业，它的发展受到一定的限制。中古欧洲的纺织业中心佛兰德和意大利，这时都面临着组织和技术上的众多挑战。欧洲丝织业的技术是从东方学来的，主要是通过阿拉伯人传入欧洲的。意大利城市在 12 世纪起成为丝绸业的主要基地，先是卢卡，之后是威尼斯、佛罗伦萨、热那亚这些城市，它们垄断了欧洲的丝绸贸易。由于丝织业利润高，各国君主都开始有了兴趣。15、16 世纪，纷纷引进丝绸业，与意大利争夺高额利润。路易十一时，法国建立了丝绸业。1466 年，法国从意大利引进技术工人，国王命令地方政府给予特别照顾。国王兴办丝绸业是出于商业考虑，目的是赚取利润，同时防止金银因购买意大利的丝绸而外流。16 世纪初，法国的丝绸业从 16 个工人发展到 800 名师傅和 4000 个工人，至 16 世纪中期人数又增加一倍。法国的丝绸业属于新兴工业，工人容易升职。这种由国家干预建立工业的情况比较特殊，与中古工业明显不同。

　　在矿业发展中，最重要的是对明矾矿的开采，1453 年后在西欧发展迅速。明矾主要用于生产染料，中古时期由小亚细亚和黑海地区生产。拜占庭帝国崩溃后，土耳其人控制了明矾的生产和贸易。由于明矾是欧洲纺织和染料业的支柱，所以欧洲人要求自己生产明矾。这时，在意大利发现了明矾矿，于是便成为欧洲战争和外交争夺的一个焦点。当时最大的明矾矿发现于意大利的佛尔特拉，该矿在 1458 年开始生产，由佛罗伦萨、西拿和佛尔特拉等地的企业家联合开采。由于佛罗伦萨方面的资本压过其他各方的资本，佛罗伦萨人产生了独占明矾矿的念头，于是便不惜通过战争在 1472 年占领了该地，从此控制了那里的明矾生产。

明清时期，中国也出现了资本主义生产关系，但最终未能发展成资本主义制度。中国的丝织、矿冶、瓷器在世界领先，在这些行业里都已有资本主义生产关系产生。明代直至清代前期，在中国和西方的贸易中，中国是出超国，中国的丝绸、茶叶、瓷器等每年都有大量出口，西方只能以白银支付。明代白银所以能成为主要货币，是因为白银有大量的增加，这并不是由于中国的银产量增加了很多，而是有大量的白银从国外流入，例如日本和墨西哥。

由于商品经济发展，明清时期出现了巨大的商业资本，以徽商和晋商最为著名。商品经济发达的一大标志，是明清时期白银成为主要货币，大量的商品流通需要一种稳定的货币，于是民间用金、银特别是银子作为一般等价物，而不是此前的钱钞。货币大量流通还导致金融业务机构出现，明代已有钱庄，最初主要是从事银、钱兑换业务，后来延伸至储蓄和放贷，并发行自己的票据，称钱票，可以到异地兑换。明清时钱庄、银号在大城市中多有，发行的钱票、银票流通全国。

资本主义兴起后，为商品寻求世界市场成为一种趋势，这使跨洋交流和全球交流成为可能。欧洲人对世界各大洋进行探险，在东南亚进行活动，在各地建立商埠；中国明朝也出现了郑和下西洋的海上远航活动。由此，从地中海到大西洋，从大西洋到太平洋，世界开始连成一片，这使人们能够在更广阔的空间里进行经济和文化交流。

总之，资本主义经济关系在西欧逐渐成为主导性的生产关系，这是近代早期最重要的历史潮流，它使西欧开始摆脱封建关系的束缚，向资本主义社会发展，从而引导了世界在此后几个世纪中的历史发展方向。

第二节 世界贸易体系的形成

随着重商主义时期到来，西方的扩张过程也就开始了。重商主义理论认为贵金属是财富的体现，因此到海外寻求黄金白银就成为西欧各王朝政府的主要政策目标。它们鼓励国民去海上探险，鼓励他们开拓海外贸易并抢夺殖民地。殖民地对重商主义政策具有特殊意义，殖民地为母国带来市场，也为母国带来商业利润以及黄金白银。

葡萄牙航海家最早进入大西洋，他们在一个世纪的时间里开辟了从欧洲抵达亚洲东部的海上通道。1415 年葡萄牙人在摩洛哥北部取得了阿拉伯城市休达（Ceuta），这一事件标志着欧洲人探险和控制海外领土的开端。15 世纪，运达欧洲的大部分黄金来自西非和今天加纳附近的阿散蒂黑人居住区。穆斯林商人从非洲带来黄金，接着带着它向北穿过撒哈拉到达地中海诸港口。葡萄牙强行介入了这宗黄金生意。在国王若昂二世（1481—1495 在位）的统治下，葡萄牙人在几内亚海岸线上建立了贸易港口和边界贸易站，进入大陆直达廷巴克图。葡萄牙船只满载着黄金到达里斯本，至 1500 年控制了欧洲的黄金流通。

葡萄牙在非洲和东亚之间建立了 50 多个贸易商埠，建立起最早的商埠帝国。在圣乔治·达·米纳，他们从事西非奴隶贸易；在莫桑比克，他们试图控制南非的黄金贸易；在霍尔木兹海峡，他们控制了波斯湾的入口；在果阿，他们贩卖印度的胡椒；在马六甲，他们监管从中国南海到印度洋的货船；通过特尔纳特岛，他们还控制了马鲁古香料群岛的丁香和肉豆蔻贸易。16 世纪葡萄牙印度洋军团的司令官阿方索·德·阿布奎基，率舰队于 1508 年夺取霍尔木兹，1510 年夺取果阿，1511 年夺取马六甲，从而控制了印度洋的贸易，迫使所有商船必须购买安全通行证，才能停靠在葡萄牙的贸易商埠；没有通行证的船只将连同货物一起被没收。与葡萄牙一样，英国和荷兰的商人也在亚洲的海岸上建立商埠，寻求通过商埠建立贸易路线，但尚未想到要控制公海上的货运。1565 年，西班牙军队来到菲律宾群岛，并以西班牙国王腓力二世之名命名该地。在 1603—1819 年间，西班牙殖民者曾与马尼拉的菲律宾人和中国商人发生六次大规模冲突，屠杀了上千名中国商人。

欧洲航海的最初目的是寻找通往东方的新航线。意大利航海家哥伦布自幼热爱航海冒险，他读过《马可·波罗游记》，十分向往印度和中国。当时地圆说已经很盛行，哥伦布也深信不疑。他先后向葡萄牙、西班牙、英格兰、法国等国国王请求资助，以实现他向西航行到达东方国家的计划，都遭拒绝。最后，他以东方的物产如丝绸、瓷器、茶叶、香料等为理由说服了西班牙国王，而得以成行。1492 年哥伦布奉西班牙国王伊莎贝拉和斐迪南之命，携带致中国皇帝的国书，率 3 只船、87 名水手从巴罗斯港出航，横渡大西洋，结果却到了巴哈马群岛和古巴、海地等地。在以后的三次航行中又到过牙买加、波多黎各和美洲大陆沿岸地带。他四次横渡大西洋，"发现"了美洲大陆，成为名垂青史的航海家。西班牙人随即进入这些地区进行早期殖民，他们征服了南美洲，抢夺当地财富，屠杀当地居民，并且从西非洲输送大量黑人到美洲从事奴隶劳动，进而开发美洲。这些活动迅速消灭了南美洲的印第安人，当哥伦布 1493 年来到伊斯帕尼奥拉时，该地人口将近 10 万；到了 1570 年只剩下 300 人。

1519 年，航海家斐迪南·麦哲伦（1480—1521）向西航行，希望寻找一条可以通向亚洲东南海岸的航路。麦哲伦从圣罗卡向巴西进发，经南美大陆和火地岛之间的海峡，于 1521 年横渡太平洋，过关岛，至菲律宾；因干涉岛上内讧，为当地居民所杀。麦哲伦死后，远航仍在继续，1522 年船队中的"维多利亚号"经印度洋、好望角和大西洋返回西班牙，完成了人类历史上第一次环绕地球的航行。这次远航验证了地球是球形的理论，带回了有关太平洋的巨量信息。

上述探险活动引发了葡萄牙与西班牙的海外殖民地争夺。1494 年，西班牙和葡萄牙签订了托尔德西拉斯协议，在佛得角群岛以西 370 里格处划定了南北走向的界线，规定界线以西是西班牙的势力范围，界线以东是葡萄牙的势力范围，这是西方国家第一次瓜分世界。

殖民为欧洲的资本原始积累开辟了通道。据统计，1493—1600 年，葡萄牙人仅在非洲就掠走了超过 27 万公斤的黄金；1521—1600 年，西班牙从美洲掠走的黄金有 20 多万公斤，白银1800 万公斤。西欧的资本很大部分来自美洲的金银，这与西班牙的海外殖民和一定程度上垄断对东方的贸易有关。1519—1521 年期间，西班牙征服了墨西哥和秘鲁，1531 年开始掠夺那里的金银，1540 年起开始组织在美洲用新技术开矿。在对东方的贸易中，西班牙国王征收 20% 的贸易税，这样，西班牙又从海外贸易中获得了巨额的财富。但是，西班牙却没有保住这笔财富，相反，金银流入欧洲其他国家，促进了其他地区的资本主义发展。

稍晚一些时候，英国和荷兰商人也来到亚洲，在海岸线上建立商埠，通过这些商埠建立海上贸易线。殖民者们的活动促进了商业发展，并且在真正的意义上建立起全球贸易体系。在此之前，全世界的商业贸易都是区域性的，但欧洲国家的海上扩张却把全世界连接在同一个贸易体系里了，欧洲制造的产品向西越过大西洋，换来墨西哥的白银、秘鲁的矿产以及加勒比地区的蔗糖、烟草等农产品；欧洲的纺织品、枪支和其他制造品向南来到西非，用来交换非洲的奴隶，然后把他们运到西半球热带和亚热带的种植园中工作。中国的丝绸、瓷器等直接运往欧洲，受到各国宫廷和上层社会的热捧；茶叶和香料运往欧洲和美洲，最终成为大众消费品。通过新航路的开辟和新大陆的"发现"，一个全球贸易体系初步形成，"历史向世界历史的转变"愈来愈清晰了。

近代早期，欧洲的贸易路线与之前两个世纪的路线基本相同。北意大利和佛兰德是欧洲最发达的都市和工业中心，都是欧洲市场上呢绒衣物的供应者。北意大利还是丝绸和其他贵重衣料的生产地，佛兰德则生产亚麻布、饰带和花毯。这两个地区也拥有先进的造船业和金属加工业。威尼斯通过地中海东部诸国和岛屿实行对东方贸易的垄断，来自东方的物品主要是香料和其他奢侈品，由意大利和德国商人在欧洲销售，经意大利—佛兰德轴线向西南可到法国和西班牙，向东北到德国和波罗的海诸国。在意大利—佛兰德轴线上的英国路线，主要负责把英国的半成品衣料运送到佛兰德和布拉班特加工。

来自美洲的金银，通过西班牙进入欧洲西北部，使这些地方最终成为欧洲最发达的经济中心，包括低地国家、法国西北部和英国东南部。"低地"曾经是意大利和汉萨同盟的商业交会之地，但西班牙拮据的财政状况和巨大的贸易逆差使低地国家以及意大利和德国的商人、银行家变成了国际贸易的实际领导者。低地国家是中世纪南北贸易的桥梁，安特卫普因而成为西班牙、葡萄牙王家贸易和德国资本汇集的贸易中心。在 16 世纪，安特卫普是欧洲最大的国际金融市场，这里的一举一动影响着整个欧洲经济。西班牙、葡萄牙货船的误期能引起安特卫普城的商业混乱，甚至还导致奥格斯堡及乌尔姆的银行倒闭。荷兰在取得独立后步葡萄牙、西班牙之后尘，迅速扩展海外贸易，它在东方通过战争排挤了葡萄牙的势力而垄断了香料贸易，并且控制东方航线；在大西洋它也能够挤进西班牙的势力范围，在贸易中插进一只脚。17 世纪成为"荷兰的世纪"，荷兰是当时的"海上马车夫"。英法也在国家统一之后迅速走向海外扩张，它们先后在美洲、亚洲和非洲建立殖民地，并且在 17 世纪下半叶取代荷兰，成为下一个世纪争夺世界商业霸权的主角。

第三节　多元格局的长期维持

千百年来人们的活动都在向把"世界连成一片"的方向发展，在农业文明阶段的晚期，亚欧大陆上的诸文明地区已由最初围绕着大河流域出现的一些孤立据点，变为连成一片的广阔地带。这一地带东起黄海、东海之滨，经中亚、南亚、西亚、地中海周边，直达大西洋。这里有发达的农业和工商业、完备的国家和各种精致的意识形态，体现了人类文明的成就。在这一地带的南部沙漠区域，有游牧的闪米特人；在北部的亚欧大草原上，也分布着许多游牧民族，主要有西部的印欧人和东部的突厥－蒙古人。丝绸之路开通后，这个地方成为东西方文化交流的重要通道。亚欧大陆四周被海洋包围，在技术发展到一定程度后，海路成为联系亚欧大陆诸文明的重要方式。在宋代，中国商船频繁出洋，北至朝鲜、日本，南抵爪哇、苏门答腊，西至印度、阿拉伯、东非等地，穿过阿拉伯地区到地中海，又与欧洲相连。在元、明、清时代，中国商品的外销势头一直不减，市场遍布世界多地。中国也从国外输入产品，除了玉米、番薯等农作物外，主要是香料和其他奢侈品，包括玻璃、药材、金银、奇珍异物等，这些商品来自南亚、东南亚、中亚和西亚，甚至非洲和欧洲，而且逐渐演变为市井的日常消费品。商业贸易的往来，造成了物质文明的交流和精神文明的交流。

尽管近代早期已经出现了跨洋交流和全球联系，但区域性的文明圈仍是世界文明的基本特征。四大文明圈即东亚的儒学文明圈、南亚的印度教文明圈、西亚北非的伊斯兰教文明圈与欧洲的基督教文明圈在近代早期基本上都按照自己的历史逻辑发展，文明多元化的格局仍旧不变。

欧洲的发展表现在中世纪的体制向近代社会转型，长期以来困扰欧洲的人口压力、技术发展缓慢、政治分裂、国家权力遭遇教会和地方诸侯干涉等问题，因为资本主义的兴起而找到了出路。经济上，突破了行会对价格和原料供应的垄断，小规模的生产演变成为获取利润而发展起来的规模较大的生产。通过宗教改革，欧洲诞生了由国家管理宗教事务的新制度，大量由教会垄断的财产回归世俗社会，成为资本原始积累和国家发展教育、实行社会救济的经济来源。教会干涉社会政治事务的局面得到扭转，以君主专制为特征的早期近代民族国家兴起，封建分裂状态得以克服，国家成为主权所有者，市民与王权结盟，推动了政治、外交、财政等核心部门的改造。文艺复兴产生的人文主义新趋势，培育出时代需要的新型统治者和新知识分子，推动了政治、科学、文化、艺术等方面的发展。上述这些变化，为欧洲资本主义扫除障碍，也为崛起中的欧洲注入了极大活力。

在亚洲，明代中国发展到了农业文明的鼎盛时期，政治、经济和文化三者关系更加紧密，结合更加有效。思想方面，儒家学说发挥着凝聚作用，理学成为官方意识形态。政治方面，集权统治得到强化，皇帝直接统管六部，成为唯一的决策者，文人学士则在内阁制度下讨论大事以备皇帝决策。科举制促成政治精英与文化精英的一体化，建立起高效政府。国家通过税收建立官僚制度和军事制度，同时国防、赈灾、经济管理得到进一步完善。一旦某个地区出现灾情，中央政府能够通过调配来自各地的资源、人力和物力，快速有效地开展赈灾活动。经济方面，按官方记录，明代人口最高位是 6000 万，但实际应该已达 1 亿，明末可能已达 1.5 亿。为了解决人口增长问题，明代扩大耕地面积以增加粮食、棉花等的生产。佃农、自耕农成为农业生产的主体，相比于欧洲,劳动者受超经济强制的成分较少,因而具有较高的劳动积极性,从而实现了产量和种植技术的极大提高。复种、套种技术增加了农作物产量,江南地区多种植双季稻,福建、广东一年可三熟。这一时期还从美洲引入了玉米、番薯、花生等作物,对缓解粮食短缺起到很大作用。明代手工业也有很大进步,棉纺织业、冶铁、凿井技术得到发展,在制糖、制瓷方面,技术也有很大进步。

自明朝中期起商品经济呈现出空前繁荣的局面,全国性的统一市场已经趋于形成,粮食、棉花、棉布、丝绸等日常消费品成为大宗商品,被长途贩运而广泛流通。郑和下西洋是明永乐、宣德年间的海上远航活动,共计七次,兼有商业和政治目的。在七次航行中,郑和率领船队远航西太平洋和印度洋,拜访了30多个国家和地区,包括东南亚、南亚和西亚。郑和下西洋是中国古代规模最大、船只和海员最多、时间最久的海上航行,也是15世纪欧洲大航海开始前世界上规模最大的一次系列型海上探险。郑和航海反映了明代中国地理知识、指南针和航海技术的发展,以及强大的经济实力和组织能力。

1644年,原本居住于关外的满族人突破长城防线进入明朝统治地区,并很快建立新的王朝即清朝。清朝虽是满族建立的,但它奉儒学为正统,传承历代中原王朝的治国方略,建立了满汉双头统治结构,融合了境内多民族,使中国5000多年族群融合的过程进入一个新阶段。在对外关系方面,清王朝继承唐宋以来

的历代惯例，将东亚国际体系继续推进，这个体系被西方人称为
"朝贡体系"，其实是一个以儒学为共同价值指向的大文明圈，圈
内各政治实体按地理方位形成相互关系，总体上和平相处。

伊斯兰教自形成之时起就一直向外扩张，及至近代早期，已
将势力范围延伸到西面的摩洛哥、东面的马来和印尼、北面的土
耳其和伊朗、南面的撒哈拉沙漠，成为一个庞大地区内人们的共
同信仰。不过伊斯兰教内部教派繁杂，各地区社会、经济、政治
情况又千差万别，伊斯兰文明圈自身就体现着丰富的多样性，不
足以构建同一个政治体。近代早期伊斯兰文明圈内有几个强大的
帝国，各自发挥着独特的作用，其中包括奥斯曼土耳其、莫卧儿
帝国、萨法维的伊朗等。

伊斯兰文明圈也发展壮大，从具有浓厚草原传统、以伊斯兰
教为独尊的一种地域文明转变成集政治、宗教、军事于一体的跨
地域的中央集权帝国，在宗教上实行相对宽容的政策，放松了对
非穆斯林居民的歧视和压迫。在印度次大陆，信奉伊斯兰教的
蒙古－突厥后裔于1526年建立莫卧儿帝国，使伊斯兰教成为印
度的统治力量，但多数臣民仍是印度教徒。阿克巴大帝在位时期
实行一系列改革，王朝国力达到鼎盛，其军事、宗教、文化均有
发展。阿克巴停止征收针对非穆斯林的人丁税，对佛教徒和印度
教徒一视同仁；在社会改革方面，取消了许多陋习，如童婚、神
判等。阿克巴时期的一系列改革促使印度次大陆的农业文明得以
发展，维持繁荣昌盛。但阿克巴的许多政策特别是宗教宽容政策

在他死后未能维持很长时间，结果造成宗教分裂，政治上的分裂也随之而起，以后的印度事实上在一大批地方封建王公的统治之下，其社会经济很难继续发展，并且为日后西方殖民主义国家的入侵埋下了伏笔。

在西亚，由土耳其人建立的奥斯曼帝国成为中古时期阿拉伯帝国的继承人，通过持续扩张，其统治范围跨越西亚、北非和东欧，并且在1453年消灭了已延续1000年之久的东正教拜占庭帝国。在武功显赫的苏莱曼大帝时期，奥斯曼建立起系统的军事采邑制度，稳定了经济，强化了军队。帝国统治者素丹不仅是专制君主，并且是最高宗教领袖，袭取了哈里发称号。在奥斯曼鼎盛时期的1453—1623年间，帝国进一步实行民族同化政策，在48位宰相（大维齐）中只有5位是土耳其血统，1位是高加索血统，31位是皈依伊斯兰教的欧裔基督徒。在那个时期，伊斯兰教的宽容程度远远超出基督教。

伊朗高原出现了萨法维王朝，在沙·阿拔斯大帝统治时期国力强盛。阿拔斯鼓励发展对外贸易，还改革了帝国的行政机构和军事管理机构。借助火器的使用，阿拔斯的军队击败了中亚乌兹别克游牧民，还将葡萄牙人赶出了霍尔木兹。阿拔斯大帝征战一生，将伊朗西北的大部分地区、高加索和美索不达米亚都纳入萨法维帝国的版图。伊朗是伊斯兰什叶派的中心，它和以奥斯曼为中心的逊尼派之间存在教派冲突，两者之间矛盾不断。

几大文明圈之外的其他地区也出现了新的发展局面。在非洲，有西非古国加纳、马里和桑海。加纳位于塞内加尔河和尼日尔河上游之间，盛产黄金。11世纪中期加纳达到全盛，1240年被马里所灭。马里于11世纪中期建国，灭加纳后继续扩张，14世纪成为西非最富庶的国家，15世纪逐渐衰落。桑海随之兴起，逐渐扩张，建立起强大的奴隶制国家。桑海的农业和纺织业很发达，文化也达到一定的高度，国王鼓励学术，聘请阿拉伯学者来讲学，还在国内建立图书馆和大学。16世纪末，桑海在奴隶起义和北非摩洛哥入侵者的打击下瓦解。

中非和南非也存在奴隶制国家，主要有刚果和津巴布韦。刚果位于刚果河下游，大约在12世纪建国，15世纪已很强盛，农业和冶金业发达。津巴布韦在南部非洲，古史记载盛产黄金，境内有许多石头城，当地语叫"津巴布韦"，其中一座石头城最大，叫大津巴布韦。大津巴布韦是南非古代文化的中心，其古城遗址气势雄伟，异常坚固，是南非古代文化的典型。不过非洲所有这些古代文化都处在发育过程中，其国家制度也有待完备，尚未成型。就在其持续发展的关键时刻西方殖民者却开始入侵，中断了非洲古代文明的发展。

美洲的情况大致相同。在欧洲人到来之前，美洲重要的文明中心在今日墨西哥和秘鲁，当时都处于农耕社会，已经存在了数百年甚至千年之久。阿兹特克人和他们的盟友建立了阿兹特克帝国，领土包括中美洲的大部分地区。印加人则建立了古代南美洲最大的帝国，从今日厄瓜多尔直到南部智利。阿兹特克和印加之间有清楚的政治分界线，两者都有能力集合大量人口，通过税收或供品来维持社会，为公共设施的建设征召劳动力。除此之外，另一个重要的美洲文明玛雅文明先后在中美洲北部和墨西哥东南部得到高度发展，但在西班牙人入侵之前已经严重衰落了。西班牙的入侵完全消灭了古代美洲文明，1519—1521年间，赫尔南·科尔特斯率一小队人马灭亡了阿兹特克帝国；1533年，弗朗西斯科·皮萨罗和他的军队攻占印加帝国首都库科斯，大肆搜刮金银，并处死了国王。通过残暴的杀戮及其他手段，西班牙在美洲建立起殖民帝国，古代美洲文明也在地球上消失了。

葡萄牙也在南美洲殖民。1500年，葡萄牙人佩德罗·卡布拉尔率领船队抵达巴西，并在那里短暂停留了一段时间。当时葡萄牙人并没有表现出对那块土地的兴趣，但当法国和荷兰水手也造访巴西海岸时，葡萄牙国王决定巩固他对这块土地的"所有权"。他将大批土地赏赐给那些参与远征的贵族，希望他们能够开发和移民，并派遣一个执政官统领当地事务。16世纪中期，葡萄牙人在巴西沿海建立种植园，从事利润丰厚的蔗糖贸易，巩固了葡萄牙对巴西的统治。甘蔗种植缺乏劳动力，于是，种植园主从非洲运来大量黑奴，推行奴隶制。

第四节　西方的崛起

近代早期见证了西方的崛起，内容包括扫除资本主义发展障碍，建立统一的民族国家，构建时代新文化，排除教会对国家事务的干预等。

西方经济的最大突破，是发展了市场经济。生产不是为生存服务，而是为资本产生利润服务，按市场的供需关系进行调节。货币和市场在经济中的地位越来越重要，无论是商品、劳动力，还是土地、资本和生产资料，都用货币衡量进行交换，土地可以买卖，雇主支付工资，一切都可以成为商品。有钱可以投资进而收取利润；无钱只能出卖劳动力，成为资本的奴隶。中世纪的各种规定，社会的各种限制，宗教的禁忌，传统的约束，家族的责任等等都在解体，古老的社会渐渐消失了，一种新的市场经济正在发展，从而为西方崛起创造了条件。

为了推动经济发展，欧洲必须扫除中世纪低效生产、教会道德训诫和行会控制三大障碍。中世纪的天主教会宣扬道德经济观，这对商品经济起了阻碍作用。教会历来宣扬经济活动不是为了挣钱，而是满足自然需要，因此与灵魂得救联系在一起。教会认定高额利润是一种罪行，在制定价格时，要求考虑价格的公道性、伦理性，所以，价格不是按商品的价值来定的，而是要体现诚实、公正等美德。这种价格可称为伦理价格，结果是生产者和销售者都无利可图，阻碍生产积极性，经济的发展十分缓慢。

另一个阻力来自城市。城市为了垄断贸易，规定商品只能在城市出售，这对于发展商品经济极为不利。城市中的行会对各种手工业进行限制，对生产规模、成品尺寸、价格高低都有规定，生产者不可突破这些规定，也不可使用新的工具或创造新方法。每个作坊主自己有作坊和商店，工具和原料也是自备的，工匠制作的鞋、铁器等供应城市本身和附近的农村，很难进行远程交易。中世纪的市场是狭小的，地方性很强，产品按需生产，需要多少衣服或鞋就制作多少，而生活品一般要等破旧之后才会更新。在这种情况下，经济很难发展。

封建领主巧取豪夺，用手中的权力攫取财富，1307 年的圣殿骑士团事件是一个典型案例。骑士团曾借给法王腓力四世一大笔钱；为了逃避债务，腓力四世将骑士团所有成员逮捕入狱，指控他们犯有宗教异端、施行魔法等罪行。1312 年法王还说服教皇解散了圣殿骑士团，于是就完全摆脱了欠骑士团的债。圣殿骑士团的其他财产也被国王和其他封建主瓜分。由此可见，对财产权的认可，就成了资本主义生产方式最迫切的需要。

15、16 世纪欧洲出现的近代民族国家深刻地改变了欧洲的历史。民族国家是一种新的国家形态，其实质是领土范围内的国家主权，在国外不受任何势力的干预，在国内不被任何势力所分裂。中央政府力量强大，民族凝聚力得以加强，国家实现了政治的统一和领土的完整，政府对司法、行政实行统一管理，通过官僚体系和常备军来治理国家。封建割据的状态被消灭，封建性质的领主权、私人契约和私人义务被抑制。新的政府能够为工商业发展提供有效的政治支持，也带来社会稳定，有助于经济进步和人民生活水平的提高。近代民族国家与封建国家的区别在于：封建王国是分裂的、割据的，民族国家是统一的、完整的；封建时代的主权和领土常常被分割，民族国家则通过国家的公权力，维护主权和领土完整；封建时期政权更具有私人性质，民族国家则更多体现出公权力性质；封建时代君主和贵族分享政权，民族国家则建立强大的中央政府，突显政府的强大力量；封建时代充斥着领主间的内讧，民族国家则消弭内乱，维护社会安宁；封建君主依靠附庸兵，并无常备军，民族国家则往往拥有常备军，或使用雇佣军作战。这些特点，都突显了民族国家的主权性质。近代民族国家是市民与王权结盟的产物，其最高统治者是"绝对君主"，在英文中为 absolute monarchy，在中文中常被翻译为"专制王权"。西方的崛起就是在这种政治制度的保护下起步的。

在思想和文化方面，文艺复兴时期产生的政治学令人瞩目，大致经历了三个不同的时期，出现过三种不同的形式：1300—1370 年为第一时期，特点是提倡美德和德治，提出建立德治社会的要求；1370—1450 年为第二时期，特点是提倡公共利益，要求建立自由的公民共同体，其实就是统一的民族国家；1450—1550年为第三时期，其时专制君主已成为欧洲的新潮流，出现了像马基雅维利的《君主论》和让·博丹的《国家六论》那样的著作，将西方政治理论推向了近代。道德论、自由公民论和君主论三种形式虽然各有不同特点，但总体而言都反对封建分权，要求建立统一国家，因而体现着近代国家的需要。

在伦理层面上，但丁提出了仁爱和德治的原则。仁爱可以化为各类美德，不仅包括个人品行上的智慧、谦逊、俭约、自制等，还包括履行公共责任，即建立各种惠及民生的社会制度。他指出，只要善的品质传到人间，世界就会发生变化。

1517年德意志僧侣马丁·路德撰写著名的《九十五条论纲》，指责赎罪券是罗马教廷搜刮钱财的手段，反对教会对德意志的政治干涉和经济剥夺。路德的教义被称为"因信称义"，它主张人依靠信仰而不是罗马教会而获得上帝的拯救，教皇和教会其实是赘物。1520年路德发表《罗马教皇权》一文，称教皇是基督教王国一切异端的根源。在《致德意志基督教贵族书》中，路德说道，教廷借以保护其权力的三道护墙都被推倒了：第一道护墙是神职人员为祭司因而高于俗人，第二道护墙是唯有教皇可解释《圣经》，第三道护墙是除教皇外其他人无权召开教会会议，这三道护墙被推翻后，天主教会的垄断地位就不存在了。路德提出"真正自由的公会议"应由世俗当局来召开，他列举了一系列需要解决的问题，包括教会管理不善、神职人员的任命和税收问题、职务冗赘、贪污腐败等。

宗教改革确立了国家管理宗教事务的新原则，从而维护了国家主权的完整性。首先，政府设立宗教管理部门对教会进行管辖，由此，世俗政府不仅接管了原来由教会控制的那部分权力，而且也把教会纳入了自己的管制下，实际上就是确立了由世俗政府来管理宗教事务的近代原则。其次，收回教会的司法权，无论在新教国家还是在旧教国家，涉及婚姻、家庭、道德的案件都收归政府来审理，从而剥夺了教会对国家主权的分割，完善了民族国家的构建。再次，通过没收教会和修道院的财产（包括地产），政府的力量更加壮大。封建时期教会与国王分权的状态被消除，君主在对教会的斗争中取得完全胜利。宗教改革在西欧各国都起到加强王权、巩固民族国家的作用，唯独在它的诞生地德意志却引发了旷日持久的内战，反而使德意志变得更加分裂了，在西方崛起的过程中，落后于其他国家。

西方崛起表现在各个方面，其本质是脱离封建状态，整合被分裂的社会，在统一国家的领导下走向现代化。而商业兴盛、城市复苏、文学艺术复兴、科学技术发展、海外殖民扩张等等，都是崛起过程中的具体内容，象征着西方从中古走向近代。在整个世界范围内，西方率先启动近代进程，从而也就抢占了现代化的先机，为日后的强大奠定了基础。

第五节　科学文化的发展

近代科学也在西方获得了发展。近代早期，人们的宇宙观发生变化，过去被视为金科玉律的地球中心论被否定，取而代之的是太阳中心论；人在宇宙中的位置也发生变化，人们开始思考道德与信仰问题。科学方法深入人心，科学成了一切知识的衡量尺度。

英格兰思想家弗朗西斯·培根认为科学思想应与经验观察相一致，他提出一切正确的知识必须由实验得出，从而为现代科学提供了第一根支柱，即实验的科学。法国人笛卡尔认为演绎推理和理性思辨可以充分认识世界，他认为一切真实的知识都可以用数字表达，从而为现代科学提供了另一根支柱，即量化原则。这两位思想家为西方近代科学的发展奠定了方法论基础，西方的科学技术水平得以大大提升，逐渐超越了世界其他地区。

波兰天文学家哥白尼是"日心说"的提出者，他对传统的托勒密天文学感到不满。针对"地心说"，哥白尼将太阳置于宇宙的中心。其后，约翰·开普勒提出行星运动的轨道并非是圆周形而是椭圆形的理论。与开普勒同时代的意大利人伽利略发明了第一架天文望远镜，为其理论提供了更多的依据。伽利略认为自然界符合数学的规律，他因此遭到天主教会的谴责。

牛顿用万有引力来解释物体的运动，他的发现给人们提供了这样一种观念：宇宙运动是有规律的，符合数学的规则。当欧洲人对非理性的宗教战争感到厌倦时，科学给人类社会带来了新的希望。

15—17 世纪，欧洲人在天文学、物理学、人体解剖、医学、地理学等诸多领域都取得重大突破，开始引领世界科学技术的发展。同时，世界其他地区也在技术发明方面取得了很多成就，这也是不可否认的。

中国明代出现了石油井、水底雷、火爆法采矿术、种痘治疗预防天花、燧发枪五大领先发明。1521 年中国建成世界首个石油井，即四川嘉州的石油井；1549 年制造的水底雷是世界上最早的水雷，到 1590 年改进为水底龙王炮，那是世界上最早出现的漂雷，是近代水雷的祖先。这两个发明都比欧洲早了近 200 年。在医学上，孙思邈用取自天花口疮中的脓液敷在皮肤上医治天花；到明代以后，人痘接种法盛行起来。在开矿技术上，1596 年出现了火爆法采矿技术，让采矿变得更加容易。1635 年，火器研究家毕懋康发明了燧发枪，这种枪在雨雪天也能使用。在近代早期，中国比较注重实用工程，英国学者李约瑟在《中国科学技术史》一书中列举了从公元 1 世纪到 18 世纪由中国传到欧洲等地的重要发明 26 项，它们对世界科学发展起到了重要作用。

伊斯兰世界吸收和继承了众多民族的科学传统，在埃及、希腊、巴比伦、印度、波斯成就的基础上创造出自己的成果。在数学方面，阿拉伯人把印度数码介绍给西方，欧洲人称之为"阿拉伯数字"。穆斯林数学家在欧几里得几何学的基础上发展了平面几何和立体几何，他们还把几何学与代数学相结合，为解析几何的出现做出了贡献。穆斯林学者还创立平面三角学和球面三角学，花拉子密的《积分与方程的计算》更是建立了真正意义上的代数学。在物理学上，拉齐发展了一种关于时空理论的宇宙学，他还提出一种特殊形式的原子论。比鲁尼对亚里士多德物理学的很多基本假设如形式质料说等提出了批判，主张利用推理、观察以及实验来认识自然物理现象。此外，穆斯林学者在动力学、重量研究等领域的理论建树，曾对近代西方自然科学家如伽利略和牛顿的很多思想产生过影响。伊本·海赛姆在 10 世纪被誉为"光学之父"，他的《光学之书》对西方光学，特别是开普勒和牛顿的光学研究产生过影响。在医学领域，穆斯林学者们提出了全新的医学理论体系，从而奠定了现代医学革命的基础，比如伊本·拉希德和伊本·纳菲丝的著作就是如此。伊本·纳菲丝提出人体血液小循环的观点，比英国医学家威廉·哈维和西班牙医学家塞尔维特早几百年。

　　欧洲文艺复兴创造了一种新文化，其特征是以人为中心，摆脱神的控制。在艺术方面，意大利人文主义者在诗歌、绘画、雕刻、建筑、政治、戏剧、舞蹈方面表现出无可比拟的创造性，绝非只是对古典作品的拘泥模仿，米开朗琪罗的《大卫》雕像即是其中典范。达·芬奇视艺术为科学，他画男性，并没有米开朗琪罗塑造的大卫那样英俊有力；他画女性，也没有拉斐尔的圣母来得妩媚美丽。但达·芬奇作为文艺复兴三杰之首的地位却是无法替代的，因为他代表了浪漫与理性的结合，在《蒙娜丽莎》那里，浪漫保留着，但女子脸上平添几分忧虑，身上也多了几分成熟，恰恰是这种成熟把俗世和天堂分开了，她不再是一位与神接近的圣母，更不是一位受人膜拜的天使，她是一个实实在在的人，一位妇女。

在文学上，出现了但丁的《神曲》、彼特拉克的《歌集》和薄伽丘的《十日谈》。但丁的《神曲》详细诠释了善恶道德体系，在这里，善与恶是黑白对峙的：天堂与地狱、光明与黑暗、美德与陋习、理性与愚昧、善与恶、仁爱与残暴相互对立，但人最终要对自己的命运负责。

彼特拉克也提倡美德，甚至认为唯有美德才是社会和谐的根本保障。然而与但丁不同，彼特拉克更多谈论的不是修身养性，而是如何维护社会安宁，如何让国家具有富足的经济实力。他要求统治者不随便发动战争，珍惜生命，更要解决穷人的吃饭问题，认为这才是真正的美德。

薄伽丘富有才华，他在1347年前后黑死病肆虐时写出《十日谈》，叙述七名年轻女子和三名年轻男子如何在山间别墅闭门不出，以躲避佛罗伦萨的鼠疫。在十天里，他们利用音乐、争论、跳舞和讲故事排遣烦恼。这部作品的主题就是爱和理性，同时尽情讽刺了中世纪的迷信和愚昧。文艺复兴时期的作品都以人性为主题，表现着对人的尊崇。莎士比亚是英国文艺复兴的代表，他的作品给人性以更深刻的揭示，像《王子复仇记》《李尔王》等作品，都是脍炙人口的杰作。

在教育方面，产生了"教育兴邦"的观念，其核心就是培养社会所需要的人。中世纪以神学为主要内容的教育存在着不科学、不务实、不够用的重大缺陷，而改变这种状态，培养出科学的、务实的、学以致用的新型人才，是新型教育争取的目标。意大利最早出现"大学"，法国、英国也相继出现。教师传授经世致用的学问，学习内容包括艺术、人文、法律和自然科学。在新型大学里，学校不仅培养神学专家，更培养社会所需要的人。新型知识分子不仅具有广博的知识，还应该有能力处理政治、外交、经济和文化问题。这种把人的发展与社会需要捆绑在一起的教育理念打破了中世纪教育依附于神学的局限，是现代教育思想的起点。

总之，近代早期是资本主义在西欧兴起的时期，随之出现的是世界各国、各地区开始连接为一体，历史向世界历史转变。这个时期西欧出现了早期现代化过程，文艺复兴、地理大发现、科学技术的发展、商业贸易的全球扩张、新思想和新观念的涌现，以及新的政治结构即近代民族国家－专制王权的出现，都助推资本主义在西欧形成。西方逐渐摆脱封建桎梏而进入资本主义发展阶段，开始了"西方崛起"的过程。与此同时，世界其他地区仍在原先的发展轨道上运行，东亚、南亚、西亚、北非、东欧等地仍处在高度发展的农业文明状态下；美洲南部、东非、西非、中亚草原等也都有各自的特色，世界呈现高度的多样性。但西欧国家的殖民扩张正在改变世界格局，资本主义的触角正慢慢地伸向全世界。

第五章

近代晚期的世界

17—19 世纪世界发生了巨大变化，资本主义的经济、社会、政治制度在西欧牢固确立起来，西方进行了两次工业革命，在生产能力方面远远超越了世界其他地区，领先于世界。政治方面，西欧各国通过革命或改革，清除了专制制度，建立起代议制民主。美国独立开启了殖民地解放的先例，同时将北美纳入西方阵营，强化了世界资本主义政治经济体系。随着西方列强殖民活动的不断加强，到 19 世纪末，全世界都落入西方控制下，文明之间的平等关系被打破了，西方确立了绝对优势。在西方资本主义和殖民主义的冲击下，非西方地区相继中断了自身原有的历史运行逻辑，而以不同的方式寻求自强，向现代化推进。工业化和资本流通把原先相对封闭的地区、国家和民族连接在同一个世界体系中，即世界资本主义体系。但同时，社会主义思潮在资本主义制度内部生长，欧洲诞生了马克思主义，标示着一个新的历史阶段正在到来。近代晚期，历史的纵向发展和横向发展交汇为一体，最终造就了现代世界。

第一节　工业社会的形成

重商主义是资本主义的初始阶段。总体而言，欧洲在 16 世纪或更早进入重商主义时期，并在这个时期开始发展，逐渐取得了它对世界其他地区的发展优势。这一时期欧洲各国建立了专制制度，靠国家的力量发展工商业，并推行殖民主义，由此而集聚大量财富。但专制制度逐渐成为国家继续发展的新障碍，从 17 世纪开始，清除专制制度成了各国面临的任务。

英国率先完成这项任务。1640 年英国发生革命推翻专制王朝，但革命却没有能建立起新的政治制度，导致克伦威尔独裁和专制王朝复辟。1688 年英国发动"光荣革命"，通过非暴力手段结束了专制统治，确立了议会主权，由此建立起君主立宪制。这以后，英国进入经济快速发展的时期，在 18 世纪上半叶出现农业革命，18 世纪下半叶开始了工业革命。工业革命彻底改变了英国，进而改变欧洲，最终改变了整个世界。

法国和美国是紧跟英国进入工业革命的国家。法国在重商主义时期一度是欧洲最强大的国家，建立起欧洲最典型的专制制度，但这个制度终究成为法国进一步发展的羁绊。1789 年法国爆发革命，力图推翻专制统治，以革命的方式改造社会。此后约90年时间里，法国发生了四次革命，先后出现三个共和国、两个帝国和两个王国，颁布了11部宪法，各种制度交替出现，但始终未能建立稳定的政治制度。就是在这样的动荡中，法国开展了工业革命，并成为继英国之后第二个完成工业革命的国家。

美国曾经是英国的殖民地，当工业革命在英国启动时，美国通过1776年爆发的独立战争挣脱英国的殖民枷锁，实现了独立。独立后的美国具备发动工业革命的优越条件，因为它和英国有共同的文化和社会背景，可以充分利用这些因素。美国工业化起步也很早，与法国差不多同时；但18—19世纪的美国有资本主义和奴隶制两种社会经济形态存在，形成了南北之间的对立。这种情况到19世纪中叶南北战争中北方打败南方，巩固了国家统一并废除奴隶制之后才得以消除。这以后，美国走上了经济快速发展的道路，并最终成为第二次工业革命的领头羊。

德国的工业化姗姗来迟，原因是德国在政治上长期四分五裂。在经历了三十年战争、拿破仑战争，以及各邦国之间不断的冲突之后，德意志统一才成为德国人的共识。德国经历了1848年革命，实现德国统一和推翻各邦内部的专制统治是这次革命的两大目标，但这两个目标相互冲突，致使革命无果而终。之后，在普鲁士王国政府领导下，德国完成了自上而下的统一，建立了德意志第二帝国。这以后，德国经济高速发展，后来居上，成为第二次工业革命的又一个重镇。

与西欧各国相比，沙皇俄国是一个落后的国家。由于意识到落后，彼得一世在18世纪进行改革，开启了"西化"的历史进程。叶卡捷琳娜女皇继承彼得一世的西化方针，实行"开明专制"，试图在专制的框架内发展资本主义经济，用重商主义方式推动经济发展。这些措施在一定程度上改变了俄国的落后状态，在资本主义道路上发展起来。但沙皇专制制度依旧是俄国工业化的严重阻碍，一直制约着俄国的发展。尽管19世纪60年代俄国废除了农奴制，工业化有明显进展，俄国的整体国力得到加强，却未能改变俄国落后的基本事实。

到20世纪初，日本是非西方世界唯一跻身于工业化的国家，也是唯一逃脱被西方欺凌压榨的国家。这得益于古代日本独特的社会结构，也得益于明治维新。明治维新将日本改造成西方式的近代国家，克服了内部分裂，建立以天皇为象征的寡头精英政府。这个政府按德国的模式推进资本主义工业化，在短时期内取得了重大成果，并打破了西方国家对工业化的垄断。

以上是工业革命中最重要也最典型的几个国家。总结这些国家的情况，可以看出工业革命在任何一个国家爆发，都需要具备政治方面的保障，即统一、独立和相对宽松的政治结构。英国最早具备了这些条件，因此最早爆发工业革命。

虽然第一次工业革命没有直接与科学相联系，但纺织机械的出现，以及蒸汽机和铁路时代的来临，创造出人类几千年不曾有过的巨大物质财富，英国成为第一个工业化国家，被称为"世界工厂"，其工业产量占世界总量的一半，相当于其他所有国家的总和。到 19 世纪 70 年代，工业化浪潮已席卷西欧北美。如果说，农业生产方式在形成后，用了近一万年时间尚未能覆盖全世界，而工业生产方式在出现后只用了一百年就覆盖欧美，再用一百年便覆盖整个世界，那么工业生产方式的冲击力之大、传播速度之快，便可想而知了。1750 年前后，欧洲和世界其他地区按人口计算的经济水平还相差不大，可是到了 1900 年，后者是欧洲的 1/18，是英国的 1/50。19 世纪 60、70 年代欧美发生第二次工业革命，这次工业革命与科学发展关系紧密，欧美国家由此而进入电气时代和化学时代。电力的使用使德国和美国迅速崛起，成为第二次工业革命的领头羊。

工业革命的道路是不同的：英、法、美大体上采用自由放任的方式，市场发挥着主要作用；德国与此不同，动用国家力量推动工业革命；日本仿效德国，效果也很明显；沙俄几乎采用强制手段推进工业化，到 19 世纪末，也勉强挤进工业国家行列。两次工业革命创造出巨大的财富，不仅远超农业生产力，而且使世界格局完全改变了：在此之前，世界发达程度是东方高、西方低；在此之后彻底翻转，形成了西方对非西方的绝对优势。挟工业生产之力，西方把触角伸向全世界，在世界各地建立正式或非正式的殖民地，形成庞大的殖民帝国；同时，也把资本主义生产方式带向全世界，将世界紧密地拴在一起。

第二节　思想领域的变化

在资本主义物质生产增长的同时，西方思想界也在发生变化，为形成中的资本主义社会做意识形态铺垫。

1776 年亚当·斯密出版《国民财富的性质和原因的研究》（即《国富论》），在前人政治经济学研究成果的基础上，提出完整的自由主义经济学说。他反对国家干预，主张自由贸易，强调"看不见的手"的作用，认为在没有人为干预的情况下，经济自我调节的能力可以带来最好的效果。这套理论形成后，逐渐成为英国工业革命的指导思想，并且是 19 世纪英法美等国主流的意识形态。1817 年大卫·李嘉图完成《政治经济学和赋税原理》一书，补充说明亚当·斯密的价值理论、工资理论和利润理论，进一步发展了自由主义的经济学说。这两人的学说奠定了西方古典政治经济学的基础，为蓬勃发展的资本主义生产提供了理论支撑。

然而并不是所有经济学家都赞成亚当·斯密的学说，也不是所有国家都按照斯密的路线进行工业革命。德国的历史经济学派学者指出：斯密理论对工业革命的先行者大体是有效的，但对于后进国家却不合适。他们主张后进国家要依靠国家的力量来完成工业革命，否认"看不见的手"的决定性作用；他们提倡保护主义经济政策，主张保护性关税。德意志第二帝国建立后即按照这种理论推动工业革命，取得了极好的效果。后来俄国和日本也基本上走这条路，出现了赶超型的经济发展模式。

在政治学方面，17世纪英国思想家霍布斯和洛克都以"自然法"为出发点讨论国家的政体问题，霍布斯提倡无所不能的"利维坦"即强大国家的力量；洛克却主张"天赋人权""社会契约"，并且把私有财产确定为社会的基础。18世纪法国思想家孟德斯鸠、伏尔泰和卢梭等人提倡理性及平等，在"自然法"的基础上提出诸如"权力制衡""主权在民"这一类思想，不仅为资本主义社会奠定自由平等的价值观，而且为未来社会描绘蓝图，催生了法国大革命。

法治思想是政治理念的重要方面，专制制度被抛弃后，人们试图以法治国。英国在光荣革命后颁布《权利法案》，将王权置于议会之下；美国独立后制定宪法，最终形成《美利坚合众国宪法》；法国在大革命中先后出台了好几部宪法，但革命的最重要成果之一是《拿破仑法典》，这部法典后来成为欧洲许多国家临摹的母本；德意志帝国统一后，虽然保留着强权的特征，却也很快颁布宪法，这部宪法又成为日本这类国家模仿的榜样。依据宪法原则，资本主义国家建立起君主立宪或共和制，在制度层面确立了资本主义的国家体制。

对欧洲来说，近代晚期是理性主义时代，启蒙运动提倡人的理性，尽管启蒙思想家各有其政治倾向和思想偏好，但他们在倡导理性这一点上却是相同的。他们鼓励人去寻找事物之间的因果关系，探索客观规律，并借此进行科学创造甚至改造社会。在理性旗帜指引下，科学取得了一系列突破，16世纪的天文学、解剖学，17 世纪的牛顿经典力学，18 世纪的化学、物理学，19 世纪的生物进化论和化学元素周期表，还有其他科学领域的累累硕果，都把欧洲推到了科学发展的前沿。各国相继建立科学院，科学精神取代了中世纪的迷信与宗教虔诚。科学与技术发明相结合，成为推动生产力发展的强大动力。

工业化的进行，碾碎了以出身门第为基础的固化的金字塔形等级社会，而形成以财富多寡为标准的流动社会，工业资产阶级和工业无产阶级由此产生。从社会分层角度看，社会流动是一种进步，但资本主义社会以结果不平等取代封建社会的机会不平等，阶级之间横亘着巨大的社会鸿沟。工业化时期最醒目的社会现象，一方面是社会财富的急剧增长和资本家的财产积累，另一方面是工人阶级凄凉悲惨的生活状况，如马克思所说：自资本来到世间，它从头到脚、每个毛孔都滴着血和肮脏的东西。随着自由资本主义的发展，这种因资本自由运作而造成的新的社会不平等越来越严重，导致社会矛盾尖锐，工人运动迭起，社会动荡不安。

资本主义自诞生以来就伴随着批判的声音。18—19 世纪，西方思想文化界出现各种批判思潮。哲学方面的自由主义、保守主义、实证主义，文学方面的浪漫主义和批判现实主义，都从不同角度对资本主义社会进行批判和矫正。在政治思想方面出现了向往平等、正义的社会主义思想。18—19 世纪的空想社会主义把矛头直接指向资本主义制度，呼唤社会公平，但是没有找到实现未来目标的历史途径。1848 年马克思和恩格斯合著的《共产党宣言》在伦敦出版，标志着社会主义从空想变成科学。马克思在 1867 年发表的《资本论》第一卷和 1875 年撰写的《哥达纲领批判》对科学社会主义做了深刻的阐述。马克思主义成为国际共产主义运动的指导思想，指引着人类未来的方向。19 世纪下半叶，当资本主义在西欧、北美深入发展的时候，社会主义与工人运动相结合，出现了强大的工人政党，以及旨在推翻资本主义制度的社会主义运动。

第三节　殖民体系的形成

　　亚欧大陆自古就存在着诸多文明，在漫漫的历史长河中，各种文明间有交流也有冲突。交流与冲突都不影响以下事实，即各文明之间的相互关系在本质上是平等的，文明没有高下之分。文明间的联系时而频繁，时而稀疏，地理、种群、文化都是其中的隔离因素，使各种文明处在相对隔绝的状态中。尽管随着历史的发展，文明与文明间的联系逐渐加强，并形成了几大文明圈，但隔离的状态并没有实质性变化，彼此不了解是一种常态。非洲、美洲、大洋洲的大部分地区尚未完全进入文明社会，那里的许多人还生活在原始社会阶段。

　　16 世纪起欧洲开始殖民扩张，起初只在人口稀少、文明程度相对低的地区进行，比如美洲、非洲等。工业革命爆发后殖民扩张进入一个新阶段，一种强大的力量突破了原来的国家、地域、文明圈界限，把整个世界连接在一起，形成完整的殖民体系。完成这一历史性变化的根本力量，是工业革命造就的物质生产能力。工业资本主义一经产生，就要求不断扩大原料来源和市场交换范围，以追求资本利润的最大化。工业革命的物质力量、科学技术的神奇魔力、远洋航行和铁路交通的快速发展都为全球性的殖民扩张提供了物质基础，西方工业国家携带着远远超出于农业生产能力的物质力量，突破地理和政治的界线，占领了所有的"无人"区，接着又把触角伸向古代文明的核心区，如印度、土耳其、中国等，摧毁当地的农业经济，破坏当地的社会结构和政治结构，把这些国家纳入资本主义殖民体系之中，使其成为殖民地或半殖民地。到 19 世纪结束的时候，整个世界几乎都处在西方国家的控制之下，形成了若干个庞大的殖民帝国，包括英帝国、法帝国、德帝国、俄罗斯帝国、意大利和比利时帝国，再加上老牌的葡萄牙、西班牙、荷兰帝国，以及后起而看似"无形"的美帝国与急不可耐的"日本帝国"，地球被瓜分成若干势力范围，分别隶属于不同的殖民母国。帝国的控制力之大超乎想象：英帝国号称"日不落"；比利时在刚果的领地比它自身大 70 倍；德国和日本迫不及待，短时间就吞并大量殖民地。1800 年，欧洲人占领和控制的土地占全球陆地面积的 35%，1878 年这个数字高达 67%。在 1884 年的柏林会议上，15 个欧美国家就殖民地问题达成共识，掀起了瓜分世界的狂潮。

　　殖民主义改变了文明分布状况及文明间的关系：（1）人种分布发生了变化。西方殖民扩张前，三大人种分布情况基本上是蒙古人种集中在亚洲，尼格罗人种集中在撒哈拉沙漠以南的非洲，雅利安人种集中在西亚、北非和欧洲。随着西方殖民扩张不断加剧，欧洲"白人"向世界各地扩散，到 19 世纪结束的时候已经分布在全世界，并且形成了许多新的"白人家园"（例如北美和澳大利亚）以及"白人殖民地"（例如南非和肯尼亚）。（2）文明分布也随之变化。表现为欧洲的基督教向全世界传播，这不仅得益于欧洲人的地理扩张，同时也得益于基督教强烈的"传教"意识，热衷于把自己的宗教强加给别人。（3）"西方文明优越论"形成。欧洲人在殖民过程中产生了强烈的优越感，认为只有西方基督教文明才是高级文明，其他地方都处在愚昧中，等待西方去拯救。从这个时候起，世界上各种文明相互平等的状态被逐渐打破，取而代之的是用西方文明控制世界和统治世界。（4）长期以来四大文明圈平等而立、并行发展的格局被破坏。资本主义用强大的工业力量征服世界，并且把西方的统治强加给世界，逼迫世界按照资本主义的面貌改造自己。（5）因此，"东方先进，西方落后"的千年格局被彻底翻转，工业革命爆发后西方的先进就已成定局，到 19 世纪结束的时候似乎将持之永久。（6）最后，在资本主义强大力量的作用下，世界连为一个整体，不仅是物质活动的整体，而且是社会与精神活动的整体。

殖民主义的扩张伴随着血与火的屠杀和掠夺。非洲是西方扩张的起点，在这里，殖民者写下了人类历史上最悲惨的一页。从那些充满着殖民色彩的地理名称就可以看出欧洲殖民者在这块富裕的土地上攫取了多少财富，以至于他们用不同的资源来命名非洲海岸，诸如"胡椒海岸""象牙海岸""黄金海岸""奴隶海岸"等等。在长达几个世纪的时间里，被贩卖到美洲的西非黑奴有近千万，而每成功运送一个奴隶，至少有 10 个黑人死于非命。按此计算，奴隶贸易中非洲损失的人口大约有一亿，相当于 1980 年非洲人口的总和。西非洲曾经存在的古老文明被消灭了，生产力被破坏，人口骤降；刚果被比利时占领后，几百万人被屠杀，其真实情况直到 21 世纪才被披露。而奴隶贩卖产生的财富，却帮助英国发动工业革命，帮助美国独立和发展资本主义经济，促成了欧美资本主义的原始积累。

拉丁美洲是印第安人生息的家园，也是最早被欧洲殖民者征服的地区。在征服的过程中，印第安人几乎被消灭殆尽，他们死于枪炮，或者死于殖民者带来的种种疾病，如天花、霍乱等。为了弥补劳动力的不足，西班牙人开始从非洲引进黑奴，从而启动了罪恶的奴隶贸易。西班牙人在印第安人的土地上建立起以非洲黑人为主体的奴隶制种植园，种植棉花、甘蔗、烟草、咖啡，开发欧洲需要的白银等贵金属，再通过三角贸易参与资本主义全球性的商业活动，从而为西欧的资本主义打捞第一桶金。西班牙人的先例被英、法、葡等国所追随，英国殖民者更是成为奴隶贸易的主力军。几百年中，原本空旷的"新大陆"被改造成从属于欧洲资本主义生产的原料供应地及产品倾销地，及至美国独立、南美独立后，这种情况仍未改变——只是，美国取代欧洲成了美洲的主人。

同样的情形在世界其他地区也有出现：澳大利亚和太平洋岛屿上的原住民大量消失，有些族群现在已经不存在。新西兰的毛利人得益于自身顽强的抵抗，以及英国殖民者人数过少又远离本土，才能比较体面地生存下来，但代价是交出自己的土地、服从殖民者的统治。南非的祖鲁人也进行了反抗，却被残酷地镇压；印尼华侨抵抗荷兰入侵者，最终也被彻底镇压。英法联军攻进北京，洗劫圆明园，抢夺金银财宝。类似的情况在全世界发生，在"传播文明"的旗帜下，人们看到的是野蛮的征服。

就这样，到19世纪末，"凡是有海水的地方，就有欧洲人"；还可以加一句："凡是有土地的地方，都属于欧洲人。"由于欧洲实现了对绝大部分非西方土地的经济剥削和殖民统治，一个由欧洲主宰的，经济上分为"世界工厂"与"原料产地"，政治上分为宗主国与殖民地半殖民地的资本主义世界体系出现了。到这时，"世界"才真正具有了全球意义。伴随着资本主义在西欧、北美步步深入，历史的横向发展也达到空前未有的程度，人类历史变成了真正意义上的世界史。

必须强调的是，欧美国家的殖民扩张是以强大的经济能量为动力的，但在欧美资本主义经济能力发展的过程中，世界其他国家、地区和民族也发挥了不可或缺的作用。在资本原始积累阶段，非洲的奴隶和象牙、美洲的黄金和白银、加勒比的蔗糖和烟叶、印度的棉花和茶叶等，都变成源源不断的财富流入欧洲。以香料为例，在欧洲市场上，来自印度尼西亚群岛的香料以高于原产地50—60倍的价格出售。南美洲银矿的开采，致使白银涌向世界，其中包括在中国流通的"鹰洋"即墨西哥银。而以贩奴为支点，往返于欧洲、非洲和拉丁美洲的三角贸易，更是资本原始积累的重要来源。这一切直接促成了欧洲农业经济的瓦解和工业革命的来临。

工业革命创造的巨大物质生产能力，是依靠世界范围内彼此依存的经济分工、地区分工和民族分工来实现的，由此造成超越地区、国家和民族界限的密切而频繁的经济交往和社会联系。"世界工厂"不仅需要源源不断的工业原料，还需要不断扩大的市场来支撑。伴随着这种经济需求而来的是：美洲的奴隶制种植园、荷英法等国的东印度公司，英国对印度的占领，列强对中国的战争，欧洲国家瓜分非洲，西方对非西方地区进行的一系列军事、政治、文化和思想侵略。就这样，世界被纳入西方资本主义政治经济体系中。

西方学术界曾盛行"依附论"和"世界体系论"，把世界分成资本主义的"中心"和被征服的"边缘"。该理论批判资本主义世界体系中的不平等，强调"中心"即西方国家在世界体系形成过程中的主导作用，以及"边缘"对"中心"的依附关系。然而，这一理论突出强调"中心"对"边缘"的引领，却对"边缘"在这个过程中的反作用估计不足。实际上，"世界工厂"与"全球市场"是互为表里、彼此依存、有机联系的，在很大程度上可以说，是非西方的"原料产地＋全球市场"，成就了西方的"世界工厂"。

第四节　非西方国家的命运

工业与资本征服了世界，把世界连接为一体。在这个过程中，世界各地尤其是悠久文明的核心区都经历了沉重的打击，又相继走上寻求改变、救亡图存的振兴之路。

印度是南亚文明的核心区，莫卧儿王朝在 17 世纪达到鼎盛的巅峰，几乎统一了整个次大陆。但与此同时西方殖民者也开始染指印度次大陆，先是葡萄牙，然后是荷兰、英国和法国。在重商主义时代，西方殖民者在印度沿海建立了许多商业据点以获取利润，印度还成为欧洲商人继续东进的歇脚点。18 世纪英国工业革命后，英国人利用机器生产的优势，向印度倾销商品尤其是棉织品，挤垮了原本与农业紧密联系的家庭手工业。在工业力量的冲击下，印度的自然经济逐渐解体，其优质的棉花也变成英国棉纺织业的原料来源。与此同时，趁着印度中央政府衰败的机会，英国人用欺骗、收买和战争的手段击破各地封建主，大约用了一百年时间，实现了对印度三分之二领土的直接统治，其余的土邦王公也臣服于英国人。整个印度次大陆被完全征服，成为英国的殖民地，号称"帝国王冠上的明珠"。

马克思剖析英国在印度的殖民统治，于1853年写下《不列颠在印度统治的未来结果》一文，文中提出了殖民统治的"双重使命"说。他指出：英国征服者在印度完成了双重使命：一方面破坏了印度的农村公社，摧毁了本地工业，夷平了本地最伟大的创造，消灭了古代悠久的文明，给印度人带来空前的灾难，使他们沦入奴役；另一方面又把电报、铁路、机器这些现代技术带给印度，创造了现代经济，带来了工业文明，巩固了英国的殖民统治，同时在客观上把印度带进了现代世界。印度的情况非常典型，显示了非西方社会在工业力量的冲击下所发生的变化。面对西方的冲击，世界各地都必须做出选择。选择的方式是不同的，反应的道路是曲折的，然而摆脱殖民统治的趋势却是一致的，就印度而言，1857年起义爆发，开启了争取民族独立的漫长历程。

伊斯兰世界是最早受到西方冲击的地区之一。16世纪的奥斯曼帝国十分强大，其领土除土耳其之外，还包括西亚北非的大片土地，两河流域、埃及、高加索等远古文明所在地都在其统治范围内。奥斯曼军队曾经打到维也纳城下，对基督教欧洲造成巨大威胁。但那以后它就开始了漫长的收缩过程，到18世纪已经沦为"西亚病夫"。西欧开始的现代化给奥斯曼带来巨大压力，1800年拿破仑率军进入埃及，标志着西方势力正式渗入奥斯曼领地。19世纪，英法等国争相瓜分奥斯曼，埃及等地已落入西方之手；帝国摇摇欲坠，面临着解体的危险。为应付危机，奥斯曼帝国从19世纪30年代起实行大改革，仿照西方的样式对军队、司法、教育、土地制度、经济模式甚至建筑风格进行改造，掀起了学习西方的热潮。但改革最终还是失败了，70年代新苏丹继位，取消了大多数改革成果，传统的旧势力卷土重来，拯救帝国的努力功败垂成。到19世纪末，奥斯曼帝国已经奄奄一息，为它在20世纪的解体埋下了伏笔。

作为伊斯兰世界的另一个中心，伊朗也经历了类似的过程。16世纪建立的萨法维王朝一度强大，但很快衰落。18世纪末建立的恺加王朝是一个弱政权，西方列强趁机而入，到19世纪中叶已经形成俄国控制北方、英国控制南方的局面，伊朗事实上成了半殖民地，经济与政治都受制于外国。正是在这时，伊朗开始了寻求振兴之路的艰难努力。在这一过程中有两个因素非常重要，一是宗教的力量和影响，二是伊朗王权的复兴。什叶派教士开始走到前台，领导民族反抗运动。到20世纪初，伊朗已经坐在火山口上了，此后的历史便是不断探索发展道路的过程。

19世纪的中国同样面临深刻的危机，已经有数千年农业社会传统的中国在西方工业力量的打击下一蹶不振，毫无还手之力。欧洲人用坚船利炮打开中国大门后，迫使中国清政府接受一个又一个不平等条约。仅在1842—1872年间，西方列强就从中国手中攫取了22项特权，包括5%的低关税、治外法权、租界管理权、外国军舰在中国领水的自由航行权、对香港和澳门的占领权等等。面对半殖民地的深渊，中国的有识之士启动了一场前所未有的学习西方的运动，即洋务运动，力图"师夷长技以制夷"。但这场运动终究失败，清帝国的衰亡已成定局。甲午战争后，中国的民族危机日益加深，更多的人投入保种保国的努力中。西方的思想和西方的知识如潮水般涌入中国，中国人对救国之方的寻找从器物层面扩大到制度层面，再扩大到思想层面，由此而引发19世纪末的变法和20世纪初的革命。

位于世界最东方的日本处于东亚儒家文明圈。17世纪，面对西方文明的渗透，幕府曾颁布"锁国令"，试图把西方影响挡在国门外。19世纪中国发生鸦片战争后，日本意识到危机的严重性，于是发动明治维新，按西方模式改造了国家政体，去适合时代的需要。维新后日本打开国门，全方位向西方学习，执行"文明开化、殖产兴业、富国强兵"政策，并于1889年颁布宪法，完成所谓的"脱亚入欧"。通过一系列变革，日本摆脱了被西方国家奴役的命运，走上了西方式的资本主义发展道路，成功完成向近代国家的转型。但是，在走向现代国家的过程中，日本保留了军国主义传统，从而为20世纪日本在亚洲的帝国主义扩张埋下了种子。

处于东西方之间的俄罗斯，其历史上一直存在面向东方还是面向西方的选择问题。16世纪时，俄国还与西方相背而行；到18世纪，彼得一世在战争中意识到俄国的落后，便决定面向西方，学习西方，在军事、经济、科学技术和社会生活等方面推行一系列改革，同时对外扩张，打开朝向欧洲的窗户。由此俄国开始从一个封闭落后的内陆国家向欧洲强国迈进。但俄国的现代化进程极其复杂，国土迅速扩张又加深了问题的复杂性，此后一百多年俄国始终在"西方化"和"本土性"之间艰难地徘徊，沙皇制和农奴制一直阻碍着俄国的发展。虽说19世纪下半叶俄国废除了农奴制因而大大促进了资本主义经济增长，并成功成为世界第五大经济体，不断扩张的领土也使俄国成为庞大的欧亚帝国，但这些并没有改变俄国政治体制和社会结构落后的本质，更不能遮掩沙皇制的落伍。在众多矛盾的积累中俄国走到20世纪，为更激烈的社会变革做了历史铺垫。

　　欧洲向世界扩张的一个始料不及的后果，是民族主义在全世界兴起。民族主义原本起源于欧洲，在欧洲走出封建社会、构建民族国家时曾起到关键作用，引导欧洲摆脱了落后状态，支撑了西方世界的崛起。但西欧诸国在完成国家统一任务后，又以民族主义为动力迅速向海外扩张，为资本主义的发展争夺殖民地。西方的扩张造成殖民地的巨大灾难，但同时又传播了西方的新观念，其中也包括民族主义。西方在殖民地和半殖民地的统治，激发出这些地区强烈的民族意识。民族意识觉醒和民族主义出现成为摆脱殖民统治、争取民族独立的强大武器。殖民主义的双重使命在这个方面也表现得十分充分，从18世纪开始，殖民地的独立运动就一直此起彼伏。

　　最早摆脱殖民统治的是英国在北美的殖民地，独立后成为美国。美国在 19 世纪快速发展，得益于它与英国的特殊纽带，也得益于它特殊的地理环境，更得益于建国后不间断的扩张和战争，为美国带来土地和资源。19 世纪时它已经把南美洲视为自己的后院了，不允许欧洲国家染指。到 20 世纪开始时，它成为世界第一大经济体，尽管当时它还没有做好称霸的准备。美国是一个移民国家，却也是民族主义强大的国家，民族主义帮助它赢得独立，也成为它发展和扩张的动力。独立后的美国一直坚持美国优先的理念，其思想基础即民族主义。

继美国之后，拉丁美洲迅速跟上，经过长期的解放战争，到 19 世纪 20 年代西班牙和葡萄牙在美洲的殖民地基本上都独立了。但独立后的拉丁美洲却长期陷在建构国家的泥淖中爬不出来，在整个 19 世纪，几乎有一大半时间都处于建构国家的历史尝试之中。拉美在独立后缺乏的正是民族主义，没有民族主义就无法建构民族国家。这一历史教训对后来独立的其他地区都具有启发意义。拉美国家在摆脱欧洲国家的控制后又成为美国的后院，其完全彻底的独立还有很长的路要走。

19 世纪后半叶欧洲列强掀起帝国主义狂潮，非洲被瓜分，亚洲各国的民族危机一步步加深。在资本主义世界经济的冲击下，亚洲古老的社会形态解体，文明形态摇摇欲坠。与此同时，西方输入的各种思想迅速传播，被视为救国救民的最佳药方。民族意识和民主意识都在增长，科学和教育被看作振兴国家和开启民智的工具。因此，在亚洲沉沦的同时，很快就出现"亚洲的觉醒"：

印度的起义、奥斯曼的改革、中国的自强、伊朗的反烟草专利运动、阿富汗的抗英战争、朝鲜和越南的民族主义运动等等，这些都预示着 20 世纪亚洲的巨变；而学习西方、走现代化之路则成为亚洲各国，以及整个非西方世界的共同认识。

第五节　科学文化的传播

17—19 世纪是人类从农业社会向工业社会过渡、世界从分散走向整体的时期。在思想文化方面，现代科学技术发展起来，人们的观念发生变化，文化圈的藩篱被突破，各地区的交流在增加。与西方建立世界霸权同步，西方资本主义的价值体系和理论体系也在向全球播散。

理性主义、进步主义、科学主义和工业主义在欧美各国流行，渐渐为人们所接受，成为占主导地位的思想意识。在相信科学、相信进步的氛围中，科学研究成为一种社会活动，理性主义挤压着宗教信仰的空间。现代工业的出现，不但改变了物质生活，还改变了人们对世界的看法，改变了人们的宇宙观。人变得越来越物质主义了，强调物质生活和物质享受，精神生活和道德却越来越淡化，人们在精神思想方面发生着前所未有的变化。

19 世纪科学的进步是显而易见的。物理学、化学、生物学等基础学科都取得重大突破，学术成果丰硕。在物理学领域，英国物理学家焦耳发现了电流通过导体时产生热量的"焦耳定律",为建立能量守恒和转化定律做出了贡献。丹麦的奥斯特和法国的法拉第成功揭示了电和磁之间相互感应、彼此转化的现象与规律;麦克斯韦在《电和磁》一书中建立了完整的电磁学理论,为电的发明和使用,以及电力工业和电气工业的产生奠定了基础。德国人赫兹成功地进行了电波实验,为电讯事业的发展开拓了道路。在化学领域,科学突破同样令人瞩目。俄国化学家门捷列夫发表的化学元素周期表大大深化了人们对物质的认识,奠定了无机化学的基础;有机化学的许多基本原理也在前后时间基本确立。人们开始用物理方法研究化学,例如美国人吉布斯把热力学引入化学,荷兰人范特霍夫则研究化学的反应速度,一个新的学科物理化学由此形成。在生物学方面,德国植物学家施莱登和动物学家施旺建立细胞学说;英国生物学家达尔文提出的进化论,不仅标志着生物学的巨大突破,而且彻底改变了人对自身及自然的基本认识。生物学的各个分支,如细胞学和遗传学也发展起来。

科学的发展促进了思想的变化,种种新理论、新思想与科学发展形成互动关系。在哲学领域,对历史、社会和宇宙进行重新解释的新体系相继出现,启蒙思想、理性主义和进步的历史观成为潮流。法国的伏尔泰、孟德斯鸠和卢梭等人为未来社会设计蓝图,把法国推向大革命时代。百科全书派传播科学知识,也传播社会进步的学说。孔多塞关于社会与历史进步的学说,把基督教传统中线性运动的观念转化为现代历史进步的表达方式。随着法国大革命在全世界的影响力越来越大，这种思维方式改变了人们对历史和未来的认识，直至下个世纪新的思维范式在斯宾格勒和汤因比那里形成，才略有改变。

达尔文的生物进化论被演绎为社会达尔文主义，它主张人类社会与自然界一样"物竞天择，优胜劣汰"——优秀人种保存，劣等人种灭亡。这样一个带有种族主义倾向的理论，后来竟被人在两个方向上加以利用：欧洲人将其发展成白人至上主义，为欧洲占领世界和统治世界提供依据；欧美以外的人则依据此种理论疾呼：若要生存，必须变革！

德国产生了古典哲学，康德是启蒙时代最后的哲人，他调和法国的笛卡尔和英国的培根，创立了德国的古典哲学，并憧憬着永久的世界和平。黑格尔提出了发展的辩证法，对马克思主义的产生具有重要影响。但他关于人类历史是先于历史而存在的"世界精神"的展现、历史始于东方而止于西方并终结于普鲁士的阐述，完成了法国思想家孔多塞开启的"欧洲中心论"构建，为欧洲征服世界做了思想铺垫。黑格尔关于"历史规律"的见解，影响了一代又一代的西方人。

工业社会带来了新的生活，也带来了新的问题。为思考和解决这些问题，新的学科纷纷产生，出现了社会科学专门化的趋势。经济学是英国的强项，亚当·斯密是古典经济学的创始人，他关于"看不见的手"的论述指引了工业革命时期的英国人。此后，从大卫·李嘉图到阿尔弗雷德·马歇尔都传播斯密的自由主义经济圣经，把市场这只"手"的神话讲遍全世界。不过在19世纪德国就有新的理论出现，那就是历史经济学派，这个学派在英国也曾有相当的影响。

与自由主义经济理论平行并进，自由主义政治学说也在19世纪的英国成为主流，并伴随英帝国的扩展流向整个世界。盎格鲁－撒克逊的世界被塑造成自由的国度，其他国家，包括欧洲大陆都争相效仿。自由主义在英国国内被视为"进步"的表现，在英国之外则被看作"传播文明"的工具，而为英帝国的构建张目。

社会学诞生于19世纪40年代。其创始人法国思想家孔德受自然科学的影响，把社会当作一个生物有机体，用实证的方法，探索社会"秩序与进步"的规律。1895年，孔德学派的继承人涂尔干发表《社会学方法的准则》，系统阐释了社会学思想；次年他创办《社会学年鉴》，社会学遂成为独立的学科。另一位社会学大师是德国人马克斯·韦伯，他的论著极为丰富，其中最著名的是《新教伦理与资本主义精神》。在这本书中，他跳出了从物质方面解释资本主义的窠臼，从伦理角度出发，讨论资本主义在欧洲的发生。尽管这个理论被后来学者们指出有事实出入，但扩展了人们的思维，让人们意识到：资本主义的产生不仅是一个经济问题，而且是一个社会系统性现象。

心理学发端于19世纪最后30年的欧洲。德国生理学家和心理学家冯特是其创始人。他在《生理心理学原理》一书中提出完整的心理学原理，并创办了世界上第一家心理研究所和第一份心理学杂志。19 世纪末，奥地利精神病学家弗洛伊德出版《癔病研究》和《梦的解析》两本书，首创精神分析理论。1905 年弗洛伊德又发表《性学三论》，揭示人的非理性心理结构和功能。有人认为弗氏学说是继哥白尼和达尔文之后思想界对"人类尊严"的第三次打击，可见其影响之大。

政治学方面，英国的霍布斯和洛克都从"自然状态"出发，却走到了相反的两个方向。霍布斯认为：要想克服"自然状态"所造成的丛林法则，就必须依赖一个"利维坦"，即无所不在的强大政府——他的学说为克伦威尔军人政权的建立提供了依据。洛克则认为摆脱"自然状态"的最佳方式是社会契约，即每个人让渡出一部分个人权利，建立多数人能够接受的国家权力。他的理论恰好捍卫了光荣革命以后的英国政体，而他"三权分立"的学说，则成为法国启蒙政治学家的先驱。法国启蒙学派在很大程度上继承了英国的政治理论，伏尔泰的立宪君主论和孟德斯鸠的"三权分立"受益于洛克的思想，卢梭的"人民主权"学说多少与 17 世纪的英国革命有关。德国的政治学理论则更偏重于民族主义和国家统一诉求，原因是德国一直到 19 世纪中叶都未能统一；作为德意志民族主义的代表，费希特颇负盛名。

民族主义是欧洲近代思想中一支强大的力量，自 18 世纪以后越来越强大，并成为主流思潮之一。西方的崛起得益于民族国家的出现，而民族国家的思想基础即民族主义。民族主义作为一种理论十分简单，它主张"一个民族，一个国家"；这种说法听起来很有道理，也很清楚，但在现实中完全不可能存在。民族主义是把双刃剑，它一方面帮助欧洲形成民族国家，帮助它们走向现代；另一方面又撕裂了欧洲，以"民族"的名义发动一场又一场国家间的战争。民族国家是现代化的起点，欧洲的崛起有赖于民族国家，而一旦欧洲以外的地区出现民族意识，民族主义就成为殖民地、半殖民地争取民族独立和摆脱殖民统治的有力武器了。

社会主义是又一股强大的思潮，在 16 世纪的英国，托马斯·莫尔的《乌托邦》就设计了一个财产共有、没有剥削的社会。但现代社会主义的背景是工业革命造成社会不公，贫困现象愈演愈烈。为争取社会公正和财富的公平分配，社会主义思想应运而生。其在英国的代表人物是欧文，在法国的代表人物是傅立叶和圣西门。科学社会主义思想体系则是马克思和恩格斯在分析了资本主义内在矛盾和历史普遍规律的基础上提出来的。它揭示了资本主义剥削的根源是私有制，指出无产阶级是资本主义社会的掘墓人；无产者只有在消灭了私有财产、建立共产主义社会之后才能取得自身解放，因此，无产阶级的历史使命是解放全人类。

当欧洲加快扩张的脚步，把世界都置于殖民掌控之下时，欧洲的思想也传遍世界，西方思想与当地文化对接后，激发出应对外来冲击的思想武器。在伊斯兰地区，面对日益加深的社会危机，"伊斯兰现代主义"成为救赎的良方。"伊斯兰现代主义"的代表人物是哲马鲁丁·阿富汗尼和他的学生穆罕默德·阿布杜，以及学生的学生拉希德·里达。他们主张在西方强大的冲击下，用现代的眼光审视西方，也重新审视伊斯兰世界。他们认为应该在伊斯兰教基本原则的基础上学习西方的优秀成果，包括科学、理性、法制等，发展现代经济；以进化的眼光重新理解《古兰经》，调和宗教与科学、信仰与理性之间的关系，恢复伊斯兰教初创时的活力，用这种方法回击西方的冲击。伊斯兰现代主义对伊斯兰世界产生了重要影响，对这个地区的社会改革起到了推进作用。直至21世纪，一些伊斯兰国家仍然把伊斯兰现代主义作为社会改革的思想指导。

类似的情况也在中国出现。面对深刻的民族危机，学习西方逐渐成为共识。早在鸦片战争前后，魏源、林则徐等一批知识分子就开始寻找西方强大的秘密，提出"师夷长技以制夷"的口号。洋务派主张学习西方的坚船利炮，在器物的层面上追赶西方；张之洞作为洋务运动的代表人物提出"中学为体，西学为用"的基本方针，意指在中国传统知识体系的基础上学习西方，拯救中国。洋务运动失败后，人们转向制度层面的学习，以郑观应的"立宪法""开议会"为代表，希望以西式的制度变革重振国家。与此同时，用革命手段改变国家的思想也在酝酿，这种思想哺育了孙中山那一代革命人。

学习西方、重振家园是近代非西方思想界的普遍倾向。在日本，有福泽谕吉的"脱亚入欧""文明开化"；在印度，有兰姆·莫罕·罗易的梵天教以及稍后的国大党；在土耳其，有新奥斯曼党人的思想与活动；在埃及，有祖国党和阿拉比领导的抗英运动……西方用它的思想改造世界，世界也用它的思想回击西方，这就是辩证法。

19世纪被称为"资本主义发展的黄金时代"。在资本"不盈利即死亡"的本性推动下，1860—1913年，世界工业生产增长7倍多，世界贸易增长12倍以上。与生产增长相对应的是，全球性贸易的基础设施快速发展，包括铁路公路建设、运河开凿、海底电缆铺设、远洋航线开拓等等。在资本的运作下，新西兰的羊毛、加拿大的小麦、阿根廷的肉类、东南亚的咖啡和橡胶、埃及的棉花、孟加拉的黄麻，苏必利尔湖的铁矿石和煤炭都被调动起来，送往欧洲或美国的工厂中加工制造成工业品。曼彻斯特、匹兹堡等一个个工业中心拔地而起，从那里生产出来的产品销往全世界。一个你中有我、我中有你的全球经济网络形成了，世界的政治版图也与经济分工相吻合。依靠先进的科学技术和工业生产能力，以及强大的军事力量，西方建立起控制全球的资本帝国。

然而，一切都非静止不动，资本主义内在的种种矛盾，推动着资本主义自身的蜕变与异化；欧洲缔造的全球资本主义世界秩序，也在各种矛盾的作用下发生变化，最终这个秩序在欧洲人自己点燃的两次世界大战的战火中灰飞烟灭。

历史的过程可能曲折艰难，但无论如何，人类历史总的发展趋势不会改变。世界历史在纵向和横向两个方面继续发展，20世纪将进入一个更高层次的多元新时代。

第六章

20 世纪的发展和变化

进入 20 世纪，无论在纵向还是横向上，世界历史都以前所未有的速度向前发展。纵向看，在第二、第三次科技和工业革命的推动下，人类生产力水平发生了巨大飞跃，并引起生产关系和社会、政治结构的重大变革。资本主义一统天下的局面被打破，社会主义作为一种新的制度出现在人类历史上，如本书第一章所说：世界历史的资本主义阶段开始向"共产主义主导的世界历史"转变。在资本主义世界，自由资本主义向垄断资本主义、国家资本主义过渡；在社会主义方面，社会主义从一国发展到多国，由一种模式发展为多种模式。横向看，发源于欧洲的工业文明向全世界扩散，各国、各地区、各民族以不同的方式和道路汇入世界现代化的潮流。它们之间的联系和相互依存关系达到前所未有的程度，人类社会成为一个休戚与共的命运共同体，马克思预言的"历史向世界历史的转变"，日益成为现实。与此同时，欧洲逐步丧失优势地位，其争斗引发了两次世界大战。二战后美苏两极将世界划分为两个阵营，但多极化趋势日趋明显。被称为"全球化"的世界性运动在 20 世纪下半叶来势凶猛，一方面突飞猛进，另一方面又障碍重重。在一个各国追求现代化的时代，统一性和多样性并存，整合和分化同在。

第一节　欧美强势的延续

1870—1914 年间，在第二次工业革命的推动下，世界经济迅猛发展，自由资本主义过渡到垄断资本主义。通过对外扩张，西方列强将世界瓜分完毕，在经济、政治和文化上都确立了全球霸权。欧美成为世界的"中心"，它们是"城市"；亚非拉则是"边缘"，是"农村"。

如前文所说，马克思极其重视科学技术的突破和生产力的发展对推动社会进步、促进世界各民族交往的决定性作用。18 世纪晚期发端于英国的第一次工业革命，不仅开启了人类社会从农业文明向工业文明过渡的序幕，而且彻底拉开了欧洲和世界其他地区之间在经济实力上的差距，推动了欧洲向世界各地的扩张，以西方为主导的统一的世界市场逐步扩大。面对来自欧洲国家势不可挡的冲击，非西方世界在政治和经济上沦为西方附庸，在与世界融为一体的同时，被迫学习和采纳西方的产业和技术、思想和制度，不自觉地卷入了世界现代化的大潮之中。西方殖民扩张充当了推动非西方世界迈向现代化道路的"不自觉的工具"。

19世纪70年代前后，科学技术的发展引起了以电力的运用、内燃机的发明和化学工业的建立为主要标志的第二次工业革命，带动了一批新兴工业部门的出现，如电力、电器、化工、石油、汽车等等，同时也使得旧的工业部门由于生产技术的改造获得飞速发展。第二次工业革命进一步确立了西方在全球的优势地位，到20世纪初，西欧、北美成为世界工厂和世界银行，在国际贸易方面也占据优势；同时，英、法、德、俄等欧洲国家也成为世界上头等的军事强国。

在欧美工业化国家，工业部门引进大规模生产技术，促进了资本和生产的集中，产生了垄断组织，自由资本主义过渡到垄断资本主义。为了获取超额利润，西方资本主义国家除了继续将非西方世界作为原料产地和商品市场外，还增加了资本输出。出于扩大利润、保护海外投资等因素的考虑，19世纪晚期，西方国家掀起了又一波向海外扩张、划分势力范围的狂潮。凭借军事力量的优势，19世纪末20世纪初，各工业化国家已经将世界瓜分完毕。除了利比里亚和埃塞俄比亚之外，整个非洲都变成欧洲列强的殖民地。在亚洲，列强也直接占领着广大的殖民地，而中国、土耳其、波斯等国虽然名义上是独立的，实际上沦为半殖民地。拉丁美洲、澳大利亚等地区已经欧化，欧洲移民不同程度地取代，甚至消灭了原住民。欧洲国家通过贸易、投资，将世界各地经济纳入以欧洲为中心的世界市场里，并为保护贸易和投资而加强了对世界各地的政治和领土控制。1870—1914 年的帝国主义扩张，使世界各地、各民族之间的相互联系和相互依赖达到前所未有的高度。经济上的联系已不可分割，表现在：国际贸易迅速发展，形成了以发达资本主义国家为中心、彼此相互联系的贸易体系。世界贸易总额从 1870 年的 106 亿美元增加到 1913 年的 404 亿美元，贸易范围遍及世界各大洲。世界贸易的主要结构是发达国家出口工业成品，落后国家出口初级产品。主要资本主义国家纷纷采用金本位制，各国的货币制度基本上实现了统一，覆盖全球的金融资本市场也初步形成。

应该看到，世界经济体系完全以西方国家为主导，围绕西方国家的利益而运转。由于卷入世界市场，非西方世界的经济也有一定的增长，但是，这是一种畸形的增长，特定地区需满足西方市场对某几种商品的需要，而不是当地经济发展的要求，这种增长模式成为第三世界欠发达的根源之一。西方国家的殖民统治一方面给非西方世界带来深重灾难，同时也将起源于西方的现代性传入非西方世界。西方国家的资本输出也间接促进了非西方世界民族资本的产生和发展。20 世纪初，非西方世界的工商业资产阶级和西化的知识分子在政治上结为同盟，开始采取激进的、革命的方式，争取民族独立，实现国家的现代化。在亚洲，1905—1911 年伊朗爆发立宪运动；1905—1908 年印度出现以抵制英货和使用国货为手段的自产运动；在土耳其，1894 年青年土耳其党成立，1908年在该党领导下爆发革命；在中国，1911年发生了辛亥革命，推翻了两千年之久的帝制。列宁将20世纪初亚洲的民族解放运动称为"亚洲的觉醒"，所谓"觉醒"，指的是民族民主意识的觉醒，殖民地半殖民地意识到，只有通过革命，扫除本国保守的、宗教的力量，建立新制度，才能摆脱西方的统治，实现独立和国家发展。事实上，不仅亚洲在"觉醒"，其他地方也在觉醒，1910年墨西哥爆发反对本国独裁统治和外国经济控制的大革命，作为革命成果的1917年宪法包含了保护本国资源、保护劳工权利和土地改革等进步条款。

　　20世纪初，不仅西方与非西方世界存在着巨大的不平等，即使在西方国家内部，也由于发展不平衡而产生了巨大的矛盾。美国在内战之后经济发展迅猛，1894年其工业生产跃居世界首位，因而强烈要求扩大海外市场，迅速走上对外扩张道路。在亚洲它提出"门户开放"政策，同时又将拉丁美洲视为自己的势力范围。1898年它挑起美西战争，夺取了原属西班牙的殖民地波多黎各、关岛和菲律宾，并将古巴变为美国的保护国。1901年就任总统的西奥多·罗斯福提出"大棒政策"，1903年攫取了巴拿马运河的开凿权。1909年上台的塔夫脱又提出"金元外交"；干涉和占领尼加拉瓜。明治维新之后崛起的日本为了获取亚洲的原料产地和市场，将目光投向中国和朝鲜，与俄国发生矛盾，1904年日俄战争爆发，获胜的日本于1910年吞并了朝鲜。德国在19世纪末成为世界第二大经济体，其综合实力迅速增长，扩张的愿望也日益加剧。俾斯麦下台后德国放弃"大陆政策",开始推行"世界政策",在非洲和西南太平洋抢占殖民地,并且在中国和奥斯曼帝国的版图上扩张势力范围。这些活动与英法等老牌的殖民大国发生矛盾,为日后的大战埋下了伏笔。

总之,在20世纪开始的时候,欧美的强势仍然延续,"西方中心论"也就在这个时候大行其道,盛行于欧美,并且在世界其他地方获得市场。西方中心论的始作俑者是黑格尔,黑格尔说过欧洲是历史的终点。黑格尔之后,西方人普遍认为他们是世界的中心,世界在西方的牵引下向前走。西方的历史成了世界的历史,西方的思想统领世界。马克思说:资产阶级要按照自己的面貌改变世界。在20世纪开始的时候,西方文明一枝独秀,其他文明危机重重,"千年未有之大变局"挑战着所有古老的文明;何去何从,需要由它们来选择。

第二节　两种制度的并存

1914年第一次世界大战爆发,这是欧洲列强激烈争夺霸权和殖民地的结果,列强在竞争中形成"同盟国"和"协约国"两大军事集团,最终引发战争。战争开始的时候各方都充满乐观情绪,坚信战争只是几个月的事,圣诞节之前一定能结束。但事实证明,这是一场人类历史上从未有过的大厮杀,其激烈的程度惨绝人寰。战争结束的时候人们已充满悲观的情绪，弄不懂如此伟大的西方文明怎么会制造出如此惨烈的大悲剧。斯宾格勒的《西方的没落》就是在这个背景下写出来的，其书名表达着对资本主义社会的悲观预测。差不多同时，列宁发表《帝国主义是资本主义的最高阶段》一书，指出帝国主义是战争的根源，资本主义必定灭亡。这部书预示着社会主义革命即将爆发，也预示着20世纪两种社会制度的对立。为缓和斯宾格勒的悲观情绪造成的影响，汤因比撰写12卷的《历史研究》，其中提出文明的挑战与应战理论，认为成功接受挑战的文明将能够生存，不能满足时代需要的文明注定灭亡。汤因比相信西方能够应付新的挑战，他对西方的前途表示乐观。

但战争动摇了欧洲的政治经济基础，也给全世界带来巨大震荡。在战败国方面，多民族的奥匈帝国瓦解，在其废墟上产生了一批新国家；战争削弱了德国，战后它被迫偿付巨额赔款；奥斯曼帝国被瓜分，各大国争相抢夺帝国的遗产，其结果影响深远，乃至在整个20世纪这个地区一直不安宁。在战胜国方面，英法在战争中被严重削弱，而在战争前夕已经兴起的美国和日本却利用战争之机大大扩展了自己的势力。第一次世界大战后，欧洲开始从世界霸权地位坠落，美国则在崛起；威尔逊总统试图把美国带上世界舞台，只是因为美国人没有做好准备，才返回到所谓的"孤立主义"。但大战已经把世界金融中心转移到美国了，这是美国崛起的明确信号。

战争结束后，战胜国先后在巴黎和华盛顿召开会议，通过了一系列和约，并建立第一个世界性组织——国际联盟。战胜国瓜分了战败国的殖民地，在全球范围内重新分配势力范围。新的国际秩序被称为凡尔赛－华盛顿体系，但这个体系是不稳固的，战胜国与战败国之间、战胜国与战胜国之间矛盾重重，各种矛盾层层积压，最终引发新的冲突。

20 年代，美国提供的贷款使德国可以向英国和法国支付部分战争赔偿，不久，德国、英国和法国又恢复了从世界各地的进口，国际贸易缓慢复苏。到 1924 年，欧洲主要国家的工业生产恢复到战前水平。1924 年之后的 5 年，是资本主义经济短暂繁荣的时期，国际贸易、建筑和一些新的产业部门发展迅速。尤其在美国，1924—1928 年出现了"柯立芝繁荣"，主要表现在科技革命推动下汽车、电气、建筑、钢铁等工业部门的迅速增长。在经济恢复的同时，西方主要资本主义国家的制度建设取得进展，妇女获得投票权，代议制的民主制度在英、法等国家最终确立。但德、意等其他资本主义国家却逐渐走向法西斯专政，酝酿着战争的危险。

在社会政策方面，八小时工作制渐成定例，疾病、工伤、养老保险在很多国家得到采用，人民生活有所改善，一时间，汤因比的乐观情绪似乎是有道理的。在资本主义生产最为发达的美国，20 世纪 20 年代的三任共和党总统哈定、柯立芝和胡佛建立"无为而治"的企业家政府，政府不过问企业合并、重组和股票发行等事务，放弃控制物价和调节生产的手段。列宁所说的垄断资本主义现象，在美国得到最充分的表现。

正如马克思早就预言，资本主义自产生以来就蕴含着不可克服的矛盾，主要体现为生产的社会化和生产资料的私人属性之间的矛盾，因而资本主义经济的周期性危机是不可避免的。自由放任助长了投机活动，1929年爆发了资本主义世界经济前所未有的大危机。在经济危机的打击下，美国的生产能力下降三分之一，上千万人失业；西欧国家也进入严重的经济衰退，社会动荡不安。为摆脱危机，资本主义国家被迫改变自由放任的政策，开始运用政府权力全面干预经济。但出现了两种不同的应对方式，一种以美国为代表，通过政府的干预调节市场，使其恢复到正常轨道，罗斯福"新政"即其表现。另一种以德、意、日为代表，建立强权国家，全面控制经济，对内实行专政，对外进行扩张。

"新政"是在大危机的打击下，用国家这只"看得见的手"去补充市场那只"看不见的手"，两只手共同运作，拯救在大危机打击下濒临灭亡的自由资本主义，在私有制允许的范围内对资本主义的某些弊病进行改造。"新政"局部改善了中小资产阶级和劳动人民的生活状况，减轻了经济危机，缓解了社会矛盾，保证了资本主义的稳定和发展。"新政"不仅使美国走出了经济危机，而且影响了其他西方国家，加拿大、比利时、英国、法国等也相继推行了与罗斯福"新政"类似的国家干预措施。这些政策背后有一种新的经济理论在起作用，即凯恩斯主义。凯恩斯主义将经济生活中的需求作为刺激经济发展的主要考虑对象，主张通过国家在社会财富分配中的调节作用来扩大有效需求，增加消费，控制失业，从而保证经济的有序发展。

德、意、日等国家则通过建立独裁政权来加强国家的能力，以此摆脱经济危机。1922 年墨索里尼在意大利夺权，建立法西斯党的独裁统治；1933 年希特勒在德国上台执政，很快建立纳粹统治；1936 年"二二六"事件后，日本军部确立其统治地位，正式走上军国主义道路。除了这三个国家，葡萄牙、奥地利、匈牙利、罗马尼亚、波兰等欧洲国家和某些南美国家也吸收法西斯主义的意识形态因素，建立专制政体和独裁体制。德、意、日独裁政权上台后即着手破坏凡尔赛－华盛顿体系确立的国际秩序，迅速对外扩张而不惜发动战争。1931 年日本侵略中国东北，1933 年占领东三省，1937 年发动全面侵华战争；1935—1936 年意大利占领埃塞俄比亚，并在北非跃跃欲试；德国军队于 1936 年进入莱茵兰非军事区，进而在 1938—1939 年吞并了奥地利和捷克斯洛伐克，并在东欧、南欧胁迫一些小国改变其政权，事实上成为其附庸国。面对这些侵略活动，英法等国实行绥靖政策，一方面试图自保，另一方面企图"祸水东引"，将资本主义内部的矛盾引向社会主义苏联。但德国侵略的矛头仍然首先指向了西方国家，1939 年德国入侵波兰，挑起了新的欧洲大战。

在资本主义内部矛盾不可克服的时候，社会主义作为一种制度在世界上出现了。1917年俄国爆发十月革命，这不仅是对第一次世界大战的强烈反弹，也是对资本主义制度的完全否定。此后，经过近3年的内战，俄国的苏维埃政权站稳脚跟，于1922年建立苏联。这是世界上第一个社会主义国家，它的出现结束了资本主义一统天下的时代，开始了两种社会制度并存的历史时期。

苏联在西方国家武装干涉和经济封锁的环境中，独立探索社会主义的发展道路。1918—1920年革命战争时期，为了把人力物力集中用于战争，苏维埃政府实行了战时共产主义政策，如余粮征集制，将大中小企业收归国有，国家对工业生产实行集中管理，排除自由贸易，实行粮食和日用品的配给制，等等。战时共产主义对捍卫苏维埃政权，保证国内战争的胜利起了积极作用，但也在一定程度上伤害了农民，并且阻碍了国民经济的正常恢复。革命战争胜利后，在列宁的倡导下，苏联共产党及时停止执行战时共产主义，转而实行新经济政策，允许在农业和生活消费领域存在私有经济；废止余粮征集制，实行粮食税，并且在流通、工业等许多领域进行政策调整。新经济政策使苏联的国民经济迅速恢复到战前水平，极大地巩固了苏维埃政权。它表明，在一个小农占优势的国家里调动农民的积极性，在无产阶级国家的领导和监督下，利用市场和商品货币关系来发展生产，巩固工农联盟，逐步过渡到社会主义，是一条可行之路。

1924年列宁逝世后，苏共内部围绕着社会主义发展道路问题出现分歧，这一分歧与党内的权力斗争交织在一起，最终，斯大林战胜了托洛茨基、季诺维也夫、加米涅夫、布哈林等反对派，成为党的新领袖。斯大林认为，苏联处于资本主义包围中，为了随时准备反击资本主义国家扼杀社会主义苏联的侵略行径，必须迅速建立起强大的、独立完整的社会主义工业体系，准备保卫祖国。1925 年，斯大林在俄共（布）十四大报告中阐述了实现工业化的必要性，由此而开始了规模庞大的社会主义工业化建设。1926 年开始制定发展国民经济的第一个五年计划，终结了新经济政策，标志着用计划经济的手段建设社会主义。1928 年计划开始执行，并于 1932 年提前一年完成； 1933 年执行第二个五年计划，又于 1937 年提前一年完成。经过两个五年计划，苏联建成 6000 多个大型工业企业，建立起飞机、汽车、拖拉机、化学、机器制造等重工业部门。在此期间苏联钢铁产量增长 3 倍，煤产量增长 2.5 倍，石油、化工、钢铁、机械等重工业基础基本奠定，汽车、飞机、造船、军工等部门都建立起来，基本完成了工业化。第三个五年计划因苏德战争爆发而未能执行完，但到 1939 年，苏联的经济总量仅次于美国，成为世界第二大经济体，国民生产总值占全世界的 19%，超过了英、法、德等先行资本主义国家。与此同时，农业集体化以惊人的速度开展，到第一个五年计划结束时，全国 60% 的农户走上了集体化道路，建立了 20 多万个集体农庄。苏联的社会主义工业化取得重大成就，这是有目共睹的；而这些成就恰恰是在西方资本主义世界深陷严重的经济危机的时刻取得的，由此而形成了鲜明的对比。

但苏联工业化是按照"重、轻、农"的发展顺序进行的，这种发展模式在取得了巨大成就的同时，也付出了沉重代价。片面发展重工业一方面为苏联奠定了强大的物质基础，使其有可能在第二次世界大战中战胜纳粹德国；另一方面也使农业和轻工业长期落后，人民生活水平长期未能有效提高，这就为后来的社会问题埋下了隐患。

1936年，在第八次苏维埃代表大会上，斯大林提出：资本主义在苏联已被消灭，"我们已经基本上实现了共产主义第一阶段，即社会主义"。1936年苏联通过新宪法，标志着斯大林创建的政治经济体制，即"斯大林模式"最终形成。这一模式在政治方面的特点是，权力高度集中，领导终身任职，自上而下，很难受到群众监督，最终形成特权阶层，同时伴随着对斯大林的个人崇拜。在经济方面的特点是，高度集中的指令性计划经济，完全否定市场机制和价值规律，只承认"产品"而不承认"商品"，国家统一调配生产资料和产品分配，用行政手段管理经济，生产部门只需要完成生产任务而无需进行经济核算。计划经济的形成有其历史原因，当时，苏联处于帝国主义国家的包围之中，它必须调动所有的人力物力尽快完成工业化，以应对随时可能爆发的战争。但完全否定市场的作用也使得经济发展后劲不足，与英美等自由放任主义相比较，恰好走到了另一个极端。

20世纪开始的时候，主要资本主义国家瓜分了世界，亚、非、拉地区要么沦为殖民地，要么落入列强之手，成为事实上的半殖民地。第一次世界大战期间，西方殖民势力的削弱、非西方国家民族资本主义的发展和民族意识的觉醒，为战后民族民主运动的发展创造了条件。此外，十月革命的胜利极大地鼓舞了殖民地、半殖民地人民争取解放的斗争，从此，社会主义与亚、非、拉人民的反帝反殖运动互相支持，形成反对世界资本主义的强大力量。1919 年中国爆发五四运动，1921 年中国共产党成立；1919 年朝鲜爆发"三一"起义，反抗日本的殖民统治。在印度，甘地领导了非暴力不合作运动，国大党在 1929 年通过了争取独立的决议。1920 年土耳其爆发凯末尔领导的革命，革命胜利后进行了一系列改革，使国家朝着现代化方向发展。1919—1921 年埃及的华夫脱党领导抗英解放运动，最终迫使英国承认了埃及的独立。在尼加拉瓜，1927—1932 年，桑地诺领导反抗美国占领的游击战争；1934—1940 年执政的墨西哥卡德纳斯政府实施土地改革、石油资源国有化等一系列激进的改革措施。两次世界大战之间，即使是在西方资本主义国家经济繁荣的 20 年代，非西方国家的民族解放运动也一直没有停息；30 年代世界性经济危机蔓延期间，西方国家向殖民地半殖民地转嫁危机，促使非西方国家的民族解放运动更加高涨，并发展成世界反法西斯战争的重要组成部分。

第三节　两个阵营的对垒

第二次世界大战爆发，仍然是由资本主义国家之间的矛盾引起的，但后来发展成全世界人民反抗德意日侵略势力的正义战争，战争结果是彻底消灭了轴心国集团，为战后的和平发展创造了条件。战争中，美英等国与苏联结成同盟，共同打击侵略集团，最终形成遍及全球的统一战线，战后组建为"联合国"。中国作为最早受侵略、最早投入反侵略战争的国家，为战争的胜利做出了巨大贡献，同时也扭转了自鸦片战争以来被列强侵犯凌辱、贫穷落后的历史，走上了民族复兴的道路。联合国的出现为世界的和平发展创造了条件，也为彻底清除殖民主义、完成民族独立和民族解放提供了道义和制度保障。战争结束后的20年间西方殖民帝国纷纷瓦解，以前阻碍世界经济一体化的帝国藩篱被拆除。一大批新独立国家出现在世界舞台上，世界力量对比发生巨大变化，毛泽东曾形象地说：这是"东风压倒西风"。但美苏两强又勃然兴起，出现了两个阵营对峙的局面，世界一分为二。这种情况是前所未有的，表明人类历史进入一个新阶段。

在资本主义世界，美国取代英法成为盟主，着手打造战后资本主义世界体系。在经济方面，1944年召开布雷顿森林会议，44个国家签署了"国际货币基金组织协定"等三个文件，建立了"布雷顿森林体系"，确立了美元霸权。1945年，世界银行和国际货币基金组织正式成立；1947年，关税与贸易总协定签订。同年，美国启动马歇尔计划，将在战争中破产的西欧国家纳入援助范围，一方面拯救了这些国家的经济，一方面又将这些国家置于美国的控制之下。在军事方面，成立北大西洋公约组织，在军事上控制了西欧和北美；美国军队进驻西德，此后就再也没离开。亚洲的情况也是这样：美军在日本、韩国、菲律宾等国驻扎，并且在朝鲜半岛打了一仗。在政治方面，通过所谓的"共同价值观"，将"盟国"牢牢地绑在意识形态的战车上。1946 年，丘吉尔所说的"铁幕"在欧洲落下，两个阵营的对峙正式开始。

从 1948 年到 1974 年，西欧经济经历了前所未有的不间断增长。到 1950 年，联邦德国已经超过战前整个德国的生产水平，1958 年成为西欧头号工业国。法国、意大利和其他西欧国家也出现了"经济奇迹"。英国经济受老工业部门和丧失海外市场的拖累，落在其他国家之后，但增长速度也快于两次世界大战之间的年代。在经济发展的同时，出于对抗苏联的需要，对美国的强势与控制的担忧，以及对经济复兴的强烈愿望，西欧国家越来越希望缔造一个团结、和平的欧洲，消弭过去数百年中相互对立的状态。欧洲一体化就是在这个背景下起步的，在法德煤钢联营的基础上，1958 年成立欧洲共同市场，1967 年发展为欧洲共同体，1993 年改称欧洲联盟即欧盟，其成员国逐渐增加。

在亚洲，1951 年美国与日本签署《日美安全保障条约》，将日本纳入西方阵营。在美国的扶持下，日本经济迅速恢复，到

1968 年，国民生产总值跃居世界第二位，仅次于美国。通过加强与盟国的经济联系，美国也扩大了自己的海外市场，同时促进了美国本土的经济繁荣。得益于金融霸权，50—60 年代美国经济空前发展，也带动了整个资本主义世界的经济繁荣。1954—1973 年是世界经济高速发展的"黄金时期"，这 20 年的世界工业总产量相当于 1800 年以来一个半世纪的工业产量的总和。在这种形势下，西方知识界再次恢复了对西方文明的信心。特别是在美国，1963 年，历史学家威廉·麦克尼尔的《西方的兴起》一书出版，取代了斯宾格勒对西方没落的哀叹。美国被誉为西方文明的样板，现代化被视为"美国化"的代名词。

资本主义世界经济的繁荣得益于第三次科技革命及其成果在生产上的广泛应用，也得益于国家对经济和社会生活的广泛干预。20 世纪 50 年代开始的第三次科技革命直接引发了第三次现代化浪潮，核能、太阳能、地热能、潮汐能的利用，使能源结构多样化；高分子化学和新材料使各种人工材料激增；电子计算机的应用使信息的交流、积累和创新发生飞跃；利用遗传工程培育农作物的农业生物技术也在第三次科技革命中迅速发展。在第三次科技革命的推动下，劳动生产率空前提高，物质财富剧增，发达国家从工业经济迈向信息经济和知识经济，第三产业成为主要的经济部门。另一方面，受凯恩斯主义影响的国家干预政策大大推动了国家垄断资本主义的发展，美国在罗斯福时期就改变了经济政策，抛弃英国式的自由放任，而实行国家对经济的强有力干预。二战结束以后，各届政府基本上延续了这一政策。西欧各国在战后初期也进行了国有化、建立福利国家等"社会民主主义"的改革，这些变革改变了自英国工业革命以来盛行于西方的自由资本主义经济体制，减轻了生产与市场间的矛盾及经济周期波动所带来的剧烈震荡，缓和了社会矛盾，建立了比较稳定的社会秩序。同时，西欧各国逐一完成了议会代议制度的建设，而美国直到 20 世纪 60 年代才颁布《民权法案》。

与资本主义变化并行的是社会主义的发展。第二次世界大战结束后出现了一批社会主义国家，形成社会主义阵营。两大阵营对峙的"冷战"格局对世界历史的进程产生了重大的影响。一方面，几百年来由西方列强瓜分世界的帝国主义、殖民主义时代结束了，由分散到整体的历史进程向前跨越了一步；另一方面，世界一分为二，彼此几乎处于隔绝状态。针对资本主义世界的整合，以苏联为首，社会主义国家于1949年成立经济互助委员会，简称经互会；1955 年建立华沙条约组织，即针对北约的军事组织。1949 年中华人民共和国成立；1950 年中苏双方签订友好同盟互助条约，中国成为社会主义阵营的重要成员。1959 年古巴革命胜利后，古巴也加入了社会主义阵营。社会主义国家相互合作，形成了一个与资本主义市场并立的社会主义体系。以经互会为例，成立初期它只是一个商品交换市场，目标是发展成员国之间的贸易。60 年代，随着卢布转账制度的实行和国际投资银行的成立，其资本金融市场也发展起来。进入 70 年代，面对欧洲经

济共同体的关税同盟和农业共同市场的出现，经互会于 1971 年
制定了《经互会成员国进一步加深和完善社会主义经济一体化综
合纲要》，确定在 15—20 年时间里，分阶段在工业生产、科学技
术、对外贸易和货币金融等领域实现一体化。

战后，苏联经济恢复发展，到 1950 年第四个五年计划结束
时，工业增长速度达到 23%，工业总产值比战前增加 73%；1946
年建成第一座核反应堆，1949 年成功试爆第一颗原子弹，1957
年发射世界上第一颗人造卫星，其重工业和科学技术都处于世
界领先水平。但由于轻工业和农业未能得到重视，与西方国家
相比，人民生活水平未有显著提高；尤其是农业，直到斯大林去
世，苏联的农业生产能力仍未达到 1913 年的水平。这种情况是
由苏联经济发展的"重、轻、农"排列顺序造成的；同时，计划
经济模式出现僵化趋势，斯大林的经济理论否定市场作用，由国
家直接掌控全国经济的各个部门，造成经济活力日益衰退，最终
陷于半停滞状态。斯大林在世时，曾有党和国家高层领导提出改
革的必要性，但被斯大林否决了，苏联由此而丢失了进行改革的
最佳时机。在政治上，对斯大林的个人崇拜日益盛行，党内政治
生活越来越不正常。1953 年斯大林逝世；1956 年苏共召开二十
大，新领导人赫鲁晓夫借反对"个人崇拜"全盘否定斯大林，同
时也否定了斯大林时期苏联的所有成就，在苏联和其他社会主义
国家内部造成极大的思想混乱，削弱了社会主义阵营的力量。赫
鲁晓夫执政时期，在农业、工业、建筑业等方面进行了一些改

革，如取消农产品义务交售制、中央各部委权力下放等等。在对外政策方面也进行了调整，将和平共处作为对外政策的总路线。赫鲁晓夫试图突破斯大林模式，但他以斯大林的方式来改造斯大林模式，并未取得明显效果，反而造成体制混乱。1964 年勃列日涅夫上台后追求稳定，恢复了集中领导体制；1965 年开始施行经济改革，扩大企业经营自主权，加强物质刺激，放松对农民的限制，提高生产积极性。这些改革在一定程度上促进了经济发展，但未能克服计划经济中最主要的弊端。到 70 年代，改革基本停顿了，整个苏联社会日益丧失活力，1982 年勃列日涅夫去世时，苏联已是危机四伏。

为了巩固社会主义阵营，苏联向社会主义国家提供经济援助，帮助这些国家恢复和发展经济，在此基础上实行工业化。战后 10 年左右时间，社会主义国家经济建设都取得显著成就，不同程度完成了工业化的基本任务。新中国成立后也得到苏联的帮助，在第一和第二个五年计划中建设起一批大型工业基地，为日后完成工业化打下了基础。但是，在此过程中，苏联日益推行大国主义政策，干涉其他国家内政；同时，各国共产党对于社会主义建设和革命的看法也不完全相同，社会主义国家之间出现了分歧。最早与苏联发生冲突的是南斯拉夫，它试图突破苏联模式，探索独特的社会主义道路。之后，波兰、匈牙利等也想寻求符合本国国情的社会主义发展方式，1968 年在捷克斯洛伐克甚至发生所谓的"布拉格之春"运动，但这些探索都因苏联的干预而告终。

1956 年苏共二十大以后中苏两党关系恶化，两国在一系列问题上产生意见分歧。这以后，中国开始探索中国特色的社会主义发展道路，经过几十年努力，取得了举世瞩目的成功。

第四节　现代化和全球化

第二次世界大战进一步推动了非西方地区的民族觉醒和民族独立运动。战后，在资本主义和社会主义两极之间出现了"第三世界"，即在反帝反殖斗争中涌现出来的新独立国家。首批独立国家在亚洲产生，从 40 年代起，印度、巴基斯坦、印度尼西亚、菲律宾、缅甸、马来亚、叙利亚、黎巴嫩、约旦等国先后独立。北非的阿尔及利亚、苏丹、突尼斯、摩洛哥等国在 50 年代独立；1960 年被称为"非洲独立年"，60 年代撒哈拉以南非洲基本独立；葡萄牙殖民帝国在 70 年代解体，安哥拉、莫桑比克等国独立。这以后，加勒比海和太平洋岛国也一一独立，到 20 世纪 90 年代，维持了几百年的殖民主义时代终成过去。

新独立国家自诞生之日起就在谋求自己的国际地位，1955 年在印尼万隆召开亚非会议，这是世界历史上第一次没有西方国家参加，由亚非国家自行商讨自身事务的国际会议，体现了新兴政治力量登上国际舞台。1960 年第一届不结盟国家首脑会议召开；"不结盟运动"打出了反对一切新老殖民主义的旗帜。1963 年非洲统一组织即"非统"成立，旨在促进非洲的团结和统一。1961年马来亚、泰国、菲律宾挑头建立东南亚联盟，后来发展成东南亚国家联盟即"东盟"。1960年拉美国家成立拉丁美洲自由贸易协会，后改组为拉丁美洲一体化协会。同年，伊朗、伊拉克、科威特、沙特、委内瑞拉等国成立石油输出国组织（OPEC），意图掌控世界石油的生产和定价。在1964年举行的联合国贸易和发展会议上，第三世界国家组成"七十七国集团"，尝试建立世界经济新秩序。发展中国家之间的合作成为推动地区整合的重要力量，这一方面表明在第二次世界大战后，由西方国家主宰世界的时代已经过去了；另一方面也说明全球化在战后成为趋势，世界各国都在争取发展的权利。

发展是二战后世界的主旋律，各国都努力追求现代化。所谓现代化，就是要完成社会经济转型，从以农业经济为基础的传统社会、向以工业经济为基础的现代社会转变。这个过程最早出现在西欧，到20世纪开始的时候，西方国家已基本完成了现代化转型。西方国家凭借强大的工业生产力进行全球扩张，一方面实行全球性的殖民统治，另一方面也把现代性要素传递到全世界，真正把世界置于一个共同的体系中，即资本主义殖民体系。非西方国家一方面反抗西方的侵略，突破殖民主义；另一方面也从西方的经历中吸取有益经验，努力发展自己的国家。由此，20世纪成为摆脱西方控制、实行民族解放的世纪，同时也成为各国追求现代化的世纪。现代化是20世纪的历史潮流，正是这股潮流，将世界推向了全球化。

对非西方国家来说，要完成现代化，第一步就是建立现代国家，确保独立自主的国家地位，为经济社会发展提供政治保障。接下来是发展现代经济，完成工业化，积累雄厚的物质基础，提高人民生活水平。与此同时，需努力建设现代社会，完成社会转型，为人民创造享受美好生活的社会环境。因此，建立现代国家、发展现代经济、建设现代社会就成为现代化的三项任务，是世界各国都回避不了的历史命题。20 世纪的各国历史都是围绕这三项任务展开的，无论这些历史有多么复杂、多么起伏，全世界各国的历史确实都被纳入这一相同的轨道上来了，形成了前所未有的大整合，从分散到整体的历史进程出现了关键性进展。

20 世纪八九十年代世界局势发生锐变，苏联解体了，社会主义阵营瓦解了；美国取得"冷战"的胜利，成为唯一的霸权国家。此后，美国试图建立自己的一统天下，形成美国主导的全球化。在一些西方学者看来，这意味着以美国为首的西方文明的胜利，弗朗西斯·福山甚至说：历史已经"终结"。

苏联解体有多重原因，外部原因包括西方敌对势力的渗透和破坏，国际形势对其日趋不利；但主要原因是内部的：过度集中的计划经济体系日益僵化，"重、轻、农"的经济发展结构越发不合理，国民经济失去增长活力，民生部门长期不受重视。与西方国家相比，人民生活水平相形见绌，国民对美好生活的向往得不到满足。在政治方面，民众参与程度未能提高，斯大林时期形成的官僚主义和特权状态也未能克服；更重要的是，党和国家领导层没有意识到改革的重要性，放弃了改革的主导权，致使政治生活长期处于停滞状态中。1985年成为苏共中央总书记的戈尔巴乔夫面对严重的内外危机试图推行改革，但他的改革方向出现错误，放弃了苏共的领导地位，使国家失去政治中心，最终导致苏联解体。而当时，邓小平正在领导中国的改革，中苏两国后来的情况成鲜明对比。

70年代西方国家也面临困难。英国患上"英国病"，法国、西德的人均国民生产总值增长率比之前20年下降了近一半；美国遭遇二战后最严重的经济危机，于是单方面取消了美元与黄金的挂钩，开始用无限制贬值的方式向全世界转嫁危机。在危机降临时，西方国家迅速采取措施改变经济政策，放弃了战后一直执行的凯恩斯主义，改行"新自由主义"，发动所谓的里根和撒切尔"革命"。这些变化加上恰逢其时的新技术革命，帮助西方国家渡过了危机。1991年苏联解体，结束了两个阵营对峙的局面。

对立阵营的消失给全球化带来了极好机会：二战后殖民体系的瓦解已拆除欧洲帝国之间的藩篱，帝国间的障碍解除了；苏联解体则打开了两个阵营之间的隔阂，资本可以在全世界自由流动，人员可以自由迁徙，跨国公司如春笋般出现，"国家"的边界似乎被完全打开。这以后，以资本、资源、人力、技术、商品在全世界自由流动为特征的经济全球化当真在世界范围内全面展开，全球化步入高峰期。不过，全球化的利益未能被共享，反而出现富国越富、穷国越穷的局面。发达国家只要控制住资本的走向和技术的源头，就能控制全世界的生产流水线。"后工业社会"在西方出现了，第三产业成为其核心经济部门。工业和农业被发配给不发达国家或发展中国家，发达国家仍是"中心"，不发达国家则是"边缘"。全球化的最大红利由美国和少数几个发达国家所获取，美国得到其中的最大份额，形成一种由美国主导的全球化。美国恃其强大的美元、军队和文化为三脚架支撑它的世界霸权，世界其他国家要么受益少，要么受损害。世界财富的分配更加不合理，贫富差距越拉越大。全球化的理论构想，即每个国家充分发挥各自的资源配置优势，在全球经济结构中做出平等贡献、获取平等好处的目标，在现实中并没有实现；相反，世界变得更不平等了。对全球化的反对声浪于是升起，最终形成反全球化运动。这时的反全球化是穷国的反全球化，与21世纪美国的"反全球化"不同。美国的"反全球化"是富国的反全球化，目的是维护美国霸权、否认穷国的发展权。但全球化这个趋势已然是不可改变的，历史已经走到了世界一体化、人类命运休戚与共的必然阶段。一旦美国主导的全球化走向没落，全世界共同的全球化必将出现。

第五节　多极世界和人类命运共同体

2001 年的"9·11"事件是个分水岭，它恰巧分开两个世纪，又站在两个时代的交接点上。在 21 世纪开始的时候，美国正处于强盛的顶峰，但"9·11"之后却隐隐显现出下滑的趋势，世界多极化和区域一体化两大趋势并行加速。欧盟和东盟特别引人注目。欧盟曾自夸"超越民族国家"，但事实上，它只提供了一个地区合作的样板。东盟仍在磨合的过程中，但磨合的意志却十分坚定。这两个地区性的合作范例表达的是中小国家在变化的世界中，靠合作而提升其国际地位的意愿，其目标是在国际社会中取得更大的发展空间和发言权，但在无意中却形成了政治和经济的新的一"极"。

多极是世界发展的新趋势，美国缔造"单极"世界的构想已经破灭。发展中国家呈现出群体崛起的态势，这是 20 世纪追求现代化的结果。发展中国家通过学习西方而努力争取现代化，在现代化的过程中逐渐恢复了自信，古老的文明也因此而得到新生，在变革的时代中融入了现代文明。世界由此变得更加丰富多彩，现代化的道路也不止一条。在 20 世纪，人们看到多种发展模式，有拉美模式、东亚模式、伊朗模式、苏联模式、阿拉伯模式……当然还有中国模式。各国寻找不同的发展道路，有些国家走得顺利，有些国家则不如人意。走得顺利，是因为找到了适合本国国情的道路，将历史的传统与时代的需要相结合，从而比较平稳地实行社会转型。

走得不顺利，是因为生搬硬套别国的经验，盲目移植，水土不服，导致现代化进程受挫。全球范围内，东亚显得比较成功，成为社会经济发展的新增长点。中东波折不断，多个国家遭遇挫折，甚至战乱不已。拉美仍在踯躅彷徨，在"走别人的路"与"走自己的路"之间摇摆不定。撒哈拉以南非洲国家刚独立时有多国模仿苏联体制，但苏联解体后又急剧转身，全盘照搬西方的制度，造成其内部剧烈的动荡。寻找发展道路是艰难的，却是必需的。

新中国成立后同样面临着寻找道路的问题，并为解决问题做出了努力，也付出了代价。经过艰苦的摸索，中国走上改革开放之路，在中国共产党的领导下，成功创造出建设中国特色社会主义的新模式、新理论，社会主义在中国显现出蓬勃的生机和活力，为全世界所瞩目。40多年中，中国人靠自己的双手改变了"一穷二白"的落后面貌，并将国家建设成有完整产业链、具有坚实工业基础和科学技术水平的新兴经济体。中国已走向世界舞台的中心，成为世界重要的一"极"。

西欧在战后走向一体化，这个过程很艰难，也很曲折；英国入欧、然后又脱欧，其他欧洲国家也时有反复，欧盟的命运并不确定。但一体化确实是西欧国家维持其国际地位、抵抗外来压力的唯一手段，也是在激烈的国际竞争中维持已有优势地位的正确思路。欧盟存在，西欧就是国际格局中的一"极"；欧盟不存在，这个"极"也就不存在了。

苏联解体后俄罗斯经历蜕变，前景一度非常黯淡。但后来这个局面被改变了，俄罗斯初步摆脱了危机的威胁，稳定了新体制。苏联留下的强大的经济基础和领先的科学技术是俄罗斯发展的宝贵遗产，用好这笔遗产，就能在国际上发挥大国作用。俄罗斯是一个重要的国家，它的存在是不可忽视的。

东亚国家在现代化过程中成就突出，日本、韩国等已跻身于发达国家之列；东盟正在整合，希望以集体的力量发挥其世界作用，而国际形势的演变也有利于其目标之实现。东盟国家能够提供的经验，是政局相对稳定，经济发展相对好，人民生活水平持续提高，有些国家已进入高收入行列。这种态势若能延续，就能为世界提供一个地区整合的成功案例，必将有其示范作用。

中东也是一"极"，二战结束后它尽管不安宁，却呈现出域内国家集体崛起的态势，伊朗、沙特、以色列、埃及、土耳其等都在扮演地区大国的角色。即便战乱国家如伊拉克、叙利亚等，也都曾有过良好的发展时期，其民众生活水平并不低。中东地区作为一"极"，最大的特点就是能够搅动世界大国介入纷争，从而影响世界格局走向。这个作用，不可低估。

二十国集团、非政府组织、恐怖势力、跨国公司等等这些"非传统力量"也在发挥各自的作用，力争成为新的一"极"。总之，二战以后世界经历了美苏两强的两极世界、苏联解体后的一超多强，再成为群雄并起的多极世界。20世纪末，多极世界已成定局，人类已融入一个复杂多变的巨大网络，在这个网络中，一荣俱荣，一损俱损，没有人能够独善其身，没有人能够置身事外。

历史已经是全人类共同的历史了，人类面临的问题，例如环境的恶化、生物多样性的减少等等，不是某个或某些国家所能够解决的，需要全人类共同面对，携手解决。在当今这个世界上，只有同舟共济，才能共生共荣。共生共荣是全球化的基本要求，也是人类历史几千年变化发展的时代归属。历史已完成从分散到整体的转变，全球化的趋势也不可逆转。但全球化既带来机遇，也伴随挑战，人类今后的任务，就是面对挑战，解决问题，求同存异，共赴未来，为全人类的共同幸福团结努力。

结　语

纵观世界历史，我们看见两条线，一条是横线，一条是纵线。横线是从分散到整体的运动趋势，终结为人类命运的共同体；纵线是从低级到高级的社会发展，文明在发展中持续升华。回望5000多年前文明在世界上某些孤立地点初露端倪，今天，我们这个星球已经是文明高度发展的人类家园了。这个家园需要人类共同呵护，也需要人类共同认识。本《纲要》旨在展示人类历史的这两条线在过往几千年中是如何交织互动，又如何推进历史的全面发展的。它既不是"全球史"那样的完全的横向结构，也不是地区史、国别史那样的完全的纵向结构。中国的世界史学科自形成以来长期受外来影响，起先以纵向思路构建知识体系，后来又尝试构建横向体系，但历史运动的真实情况却是横向和纵向交互发展，横向发展和纵向发展相互影响，相互推动，单纯的横向和单纯的纵向都不完整。我们回到马克思的"世界历史"思想，马克思既指出了历史从低级向高级的阶段性演进，也指出了"历史向世界历史转变"的事实，真实的历史是在非常复杂的结构中运动的，马克思从辩证唯物主义基本原理出发，很早就揭示了历史运动的复杂性。而马克思关于历史规律的思考与论述，却一直未被准确和全面地理解，确实让人遗憾。这个遗憾在建设中国世界史新知识体系的过程中应该被弥补。人类命运共同体的思想高度体现了马克思关于世界历史发展的论述，在百年未有之大变局的时代，深刻体会世界历史横向发展和纵向发展的规律，对于我们认识当今世界发展的趋势具有特殊重要性。

作为"纲要"，本书试图用历史学实证的方法，也就是事实陈述的方法，还原马克思关于"世界历史"的思想，用事实说明：马克思的思考反映了历史运动的真实。我们试图搭建一个框架，用这个框架去容纳世界历史——马克思意义上的"世界历史"。我们希望在这个框架中构建出世界史新的知识体系，让人们从立体的视角去观察和理解人类历史的多维运动。囿于中国世界史学科知识积累的局限性，本书一定有许多缺陷，也会有许多知识的缺漏，这些都是不足之处。不过这不影响框架的搭建，这部《纲要》仅仅是一个框架，是路径表达；框架形成后，知识的积累必将滋育出丰硕多彩的学术之花。

本书主编及作者简介

主　编

钱乘旦　历史学博士，英国考文垂大学名誉文学博士，英国皇家历史学会通讯会士；现为北京大学博雅讲席教授，国家社科基金专家评审组成员，国家教材委员会专家委员会委员，教育部社会科学委员会委员，中国历史研究院学术委员，曾任第4—6届国务院学位委员会历史学科评议组成员、召集人。著有《在传统与变革之间》《工业革命与英国工人阶级》《西方那一块土》等；主编《英国通史》（6卷）、《英帝国史》（8卷）、《世界现代化历程》（10卷）等；曾担任中央电视台12集电视纪录片《大国崛起》的学术指导。

参写作者（按章节顺序排列）

于　沛　中国社会科学院大学教授，中国社会科学院世界历史研究所原所长、研究员，中国历史研究院咨询委员会委员。研究方向为俄国史、历史认识理论、外国史学思想史。

李隆国　北京大学历史学系副教授，研究方向为西欧中古史、史学理论和史学史。

黄春高　北京大学历史学系教授，研究方向和专长为西欧经济社会史、西欧封建社会研究、近代早期欧洲农民发展问题研究等。

朱孝远　北京大学历史学系教授，博雅特聘教授，北京大学教学指导委员会委员。国家"万人计划"教学名师，中国世界中世纪史学会副理事长。长期从事欧洲文化史、德国史、史学理论研究。

许　平　北京大学历史学系教授，澳门科技大学特聘教授，研究方向为法国近现代史、欧洲史。

董经胜　北京大学历史学系教授，中国拉丁美洲学会副会长。长期致力于拉丁美洲史和亚非拉近现代史的教学和研究工作。